강남 부자들은 어디에 투자하는가

강남 부자들은 어디에 투자하는가

조운혁 지음

이상

50년 만에 찾아온 인생역전의 기회에 올라타라!

칼날처럼 선명한 목표를 품다

땅이 얼어붙어 인부들이 힘겨워한다. 차디찬 땅속에 아버지를 두고 돌아온 집이 왠지 낯설고 어색하다. 스물두 살 청년은 온화한 미소의 아버지를 이제 기억 속에서만 봐야 한다.

장례식이 끝나고 아버지께서 빌린 돈을 갚으라고 사람들이 찾아왔다. 반면 돈 빌려 갔다는 사람들은 감감무소식이다. 남에게 피해 한번 준 적 없이 착하게만 살아온 한 남자의 결말치고는 쓸쓸했다.

앞으로 남은 식구들이 살아갈 생활이 문제다. 먹을 쌀도 없고 돈도 없다. 보험금 청구를 위해 보험사에 찾아갔다. "고객님, 죄송하지만 해당 사항이 없습니다." 엎친 데 덮친 격으로 나중에 큰일 생기면 다 된다고 했었던 보험들이 한낱 종이 쪼가리가 됐다. 그것도 정말 가까운 사람에게 가입한 보험이었다. 이제는 남들에게 당연한 것들이 나에게는 사치였다.

가족들은 금융 정보를 얻을 수 있는 곳도, 문제를 해결하는 방법도 몰랐다. 그저 금융회사에서 요리하기 편한 재료일 뿐이다. "돌려주십시오" 하면 주고 "못 드립니다" 하면 포기하는 그런 착한 고객. 처한 상황이 억울하고 나의 무능함에 화가 났다. "돈이 움직이는 금융과 경제를 알아야 한다." 대학 전공을 디자인에서 경영으로 바꿨다. 그렇게 금융에 첫발을 디뎠다.

평범한 방법은 평범한 결과를 부른다

대학원을 졸업하고 '재무설계 사관학교'라 불리는 P사에서 자산관리 업무를 시작했다. 자리에 앉으면 기본 상담료 20만 원을 받았다. 자산 규모와 난이도에 따라 상담료가 올라간다. 어떤 이들은 가난이 싫어서 오고, 어떤 이들은 돈이 넘쳐서 왔다. 20대부터 70대까지 연령도 직업도 다양했다.

자산관리에 앞서 재무설계가 진행된다. 재무설계는 자산내역과 금융상품들을 분석하여 포트폴리오를 구성하는 금융서비스다. 잘못 보유한 금융상품을 수정하고 재무목표를 달성할 수 있는 큰 뼈대를 만든다. 그리고 재무목표에 맞게 금융상품을 추천하는 것으로 재무설계가 끝이 난다. 다음은 시장 상황을 주시하면서 자산관리가 시작된다. 이것이 일반적인 진행절차다.

재무설계를 받으면 정말 부자가 될 수 있을까? 지금은 21세기다. 은행 예금으로 원금의 2배를 만들려면 40년이 넘게 걸리는 저금리 시대다. 게다가 월급만으로는 미래를 보장할 수 없으므로 투자가 필수인 시대에 살고 있다. 반면, 재무설계는 안정적인 성장을 추구한다. 평범한 수익이 나오는 평범한 상품들로 포트폴리오를 구성한다. 재무설계사가 추천하는 평범한 상품에 가입한다고 해서 부자가 되는 것은 아니다. 그 전보다 건강한 재무상황을 만들 뿐이다. 남들과 다른 특별한 결과를 위해서는 남들과 다른 특별한 무엇인가가 필요하다.

그들만의 리그로 가자

만약, 카카오 주가가 1만 원일 때 투자했다면 어땠을까? 1만 원이면 주식시장에 상장하기 전의 비상장 벤처기업일 때 가격이다. 비상장 벤처기업일 때 투자할 수는 없었을까? 투자할 수 있었다. 단지 금융회사 VIP 고객들에게만 고급정보가 제공되어 투자정보를 몰랐을 뿐이다. 실제로 해당 증권사에서는 카카오 정보를 일부 VIP 고객들에게만 줬다. 카카오는 시간이 흐르고 다음과 합병했다. 상장되면서 주가는 10만 원을 돌파했다. 1,000%라는 꿈같은 수익률이다.

카카오 외에도 삼성SDS와 제일모직, 콜마BNH 등도 주식상장을 통해 대박이 났다. 영화에서나 나올 법한 기회가 일부 사람들에게만 제공됐다. 이렇게 비밀리에 일부 사람들 사이에서만 이루어지는 투자를 '사모펀드'라고 부른다. 사모펀드는 워런 버핏이 극찬하고, 잭 웰치가 활용하는 투자로 알려졌다. 그러나 투자방식을 비롯한 모든 것이 베일에 싸여 있었다.

2015년 후반, 투자 활성화를 위한 새로운 자본시장법이 시행됐다. 진입장벽이 낮아지면서 수많은 투자기관과 사모펀드들이 나왔다. 2017년 후반에는 금융규제 완화로 사모펀드의 벤처투자 시장이 일반인에게도 열리기 시작했다. 지금은 하루가 멀다고 기사에 등장한다. 벤처투자 시대가 열린 것이다.

벤처투자가 활성화됨에 따라 떠오르는 대박기업에 투자할 기회 또한 많아졌다. 하지만 참여하는 방법을 몰라서 황금 같은 기회를 흘려보내고 있다. 지금은 고급정보가 그 누군가에게만 제공되는 시대가 아니다. 이제 일반 개인들에게도 투자의 기회가 열려 있다.

그렇다면 어떤 벤처 기업이 기대 이상의 어마어마한 수익률을 안겨줄까? 대박의 주인공은 4차 산업혁명과 함께하는 기업들이다. 4차 산업혁명이 21세기 부의 지도를 바꾸고 있다. 회사가치 270조 원이 넘었던 대기업 '노키아'가 하루아침에 무너지고, 신생기업 '우버'가 한방에 70조 원 기업으로 떠올랐다. 4차 산업혁명으로 부의 지도가 바뀌고 있는 지금이 투자 기회다.

이 책은 일부 사람들에게만 비밀리에 알려져 있던 그들만의 리그로 당신을 인도할 것이다. 그리고 부가 형성되는 원리와 투자수익을 올리는 방법, 사기를 예방하고 기회를 포착하는 안목을 키워줄 것이다. 또, 돈에 관한 새로운 관점으로 당신의 인생을 바꿔줄 것이다. 하루가 다르게 변화하는 세상, 우리는 앞으로 어떻게 부를 차지해야 하는가?

그동안 나의 머릿속에는 나의 책을 읽을 당신이 항상 자리 잡고 있었다. 마지막 장을 덮는 순간 당신은 무엇을 깨닫고 얻어 갈 것인가? 벤처투자를 시작하기로 결심하고 실행에 옮기는 모습이길 바라고 또 바란다. 경제와 경영을 전공하지 않아도 쉽게 읽히고, 군더더기 없는 글을 쓰고자 노력했다. 이 책이, 당신이 시작할 첫 번째 벤처투자의 마중물이 되기를 기원한다.

01

우리는 왜
부자가 될 수 없는가

희망을 잃은 도시

청춘의 꿈은 어떻게 좌절되었는가?

우리는 모두 대동소이한 인생의 여정을 살아간다. 결혼과 출산, 내 집 마련, 노후생활 준비……. 그리고 그 과정에서 수많은 재무적 목표를 위해 저축한다. 특별하게 나만 집을 사는 목표가 있는 것이 아니라, 우리 모두 비슷한 목표를 이루려 노력한다는 뜻이다.

우리를 둘러싸고 있는 문제나 고민도 대동소이하다. 자녀가 대학 등록금을 내야 하는데 학자금 대출을 받으라고 권하기 미안하고, 주위에서는 여유롭게 사는 줄 알지만, 대출에 허덕이는 현실에 부부간의 골이 깊어진다. 돈 때문에 부부싸움을 한다. 신문의 사회면에 소개되는 사건의 본질도 대부분 돈 문제가 화근이다. 그 사건들은 다시 영화와 드라마, 책의 단골 소재가 된다.

2007년 시대상을 꼬집은 책 한 권이 화제를 불러 모았다. 책 제목은 '88만 원 세대'였다. 이 책에서는 저임금에 시달리는 비정규직 청년을 88만 원 세대라고 명명했다. 이후 저임금을 받는 불안한 지위의 젊은이를 부르는 용어로 굳어졌다.

그로부터 10년이라는 시간이 흐른 지금은 어떻게 변했을까? 지금은 '3포 세대'와 '4포 세대'를 넘어 모든 것을 포기한 'N포 세대'까지 등장했다. 부모의 재력에 따라 계층을 구분한 수저계급론(금수저와 은수저, 흙수저)도 추가됐다. 부모가 기업 회장인 계층은 금수저, 가난을 대물림하는 계층은 흙수저라고 부른다. 자식에게 심장이라도 내어줄 수 있는 것이 부모 마음이다. 하지만 그런 사랑스러운 자식의 입에서 "저는 흙수저라서 이렇게 살고 있습니다"라는 말이 나온다. 계층간 이동이 더욱 어려워졌고, 좌절을 넘어 자조적인 태도로 자신을 바라보는 게 당연한 일이 되어버렸다.

지금의 청춘들은 외국어 구사 능력이나 취득한 자격증으로 볼 때 대한민국 역사상 가장 뛰어난 스펙을 보유한 세대다. 하지만 그들의 삶은 IMF 때보다 더 메마른 사막을 걷고 있다. 땡볕 아래서 오아시스를 찾다가 신기루에 지쳐 쓰러지고 만다. '생활고를 견디던 청년, 고시텔에서 고독사'라는 기사처럼 말이다.

기성세대는 쓰러진 청춘에게 "옛날에는 맨손으로도 성공했다"며 헝그리정신과 불굴의 의지를 강조한다. 하지만 그때와 지금은 상황이 다르다. 경제성장률이 높던 시절에는 젊은 부부가 대출받아 집을 사더라도 5년 정도 열심히 모으면 내 집을 장만할 수 있었다. 지금은 집은커녕 20대 태반이 실업자다. 취업이 힘들어 남녀가 서로를 경쟁자로만 생각한다. 도가 지나쳐 남성이 여성을, 여성이 남성을 증오의 대상으로 여기기까지 한다.

이런 상황을 미리 피할 수는 없었을까? 어떤 경제학자들은 인구가 줄어들면, 일자리가 넘쳐날 것으로 예측했다. 인구가 줄어든 만큼 경쟁자가 줄어들면 회사도 직원채용에 어려움을 겪을 것이다. 회사들은 직원을 구하기 위해 경쟁할 것이고, 더 좋은 근무조건을 제시할 수밖에 없다. 그렇게 양질의 일자리가 청춘에게 돌아간다고 봤다.

MB정권에서는 대운하 사업에 막대한 자금을 쏟아부었다. 건설에 고용된 수많은 인부가 월급을 받아 쇼핑에 나선다면, 경제도 다시 좋아질 것이라고 믿었다. 하지만 기업들은 안정적인 일자리와 투자를 줄였다. 양질의 일자리가 줄어들면서 가계 사정이 불안해지자 자연스럽게 소비도 줄었다. 줄어든 소비는 회사 경영을 악화시켰다. 경영악화는 다시 일자리의 질을 떨어뜨렸고 경제의 발목을 잡았다. 현실에서는 이론이 통하질 않았다.

1명이 4인분을 먹는다?

어렵게 취업에 성공했어도 끝난 것이 아니다. 대한민국 소득 상위 10%가 전체 소득의 약 40%를 가져간다. 아시아 국가와 비교해도 소득불균형이 가장 심한 편이다. 소득 하위 10%는 열심히 일해봐야 빚

대기업 대비 중소기업 임금

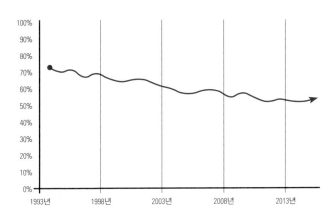

*출처: 통계청(2015 제조업 분야)

만 늘어간다. 어떻게 살아가란 말인가.

자본은 크기가 클수록 더 많은 자본을 흡수한다. 100만 원의 1% 는 1만 원이고, 100억 원의 1%는 1억 원이다. 100만 원짜리 A 기업 이 아무리 열심히 하더라도, 100억 원짜리 B 기업이 자본을 차지한다. 다시 말해, 소득 양극화는 경쟁의 균형을 무너뜨린다. 균형이 무너지 면 소득 양극화가 떠오른다. 한쪽이 일방적으로 비대해지면, 다른 한 쪽은 말라 죽어간다. 먹이사슬의 최상위 포식자만 늘어나면 생태계는 머지않아 무너지는 결과를 초래한다.

한쪽이 너무나 많은 자본을 소유하게 되면서 경쟁의 균형이 무너 졌다. 자본은 언제나 대기업이 차지했다. 따라서 중소기업 임금도 낮을 수밖에 없었다. 대기업과 중소기업 임금 격차는 IMF 이후 꾸준하게 벌어졌다. 2010년대 들어와 50% 언저리에서 방황하고 있다. 대기업 종사자가 100만 원을 받을 때 중소기업 종사자들은 겨우 50만 원을 벌어간다.

대기업에 다닌다고 마냥 행복한 것은 아니다. 급여도 높고 복지 여건도 좋지만 격무에 시달리고 시시때때로 불어오는 구조조정 때문에 마음이 항상 불안하다. 조용히 사라지는 동료가 늘어날수록 더욱더 불안해진다. 다음 차례는 내가 될 수도 있다.

절벽 위에 서 있는 노년

청년의 실업과 중산층의 붕괴, 불안한 중년층은 그들만의 문제가 아니라 노년 세대에게도 치명적인 영향을 준다. 노년 세대에게 돌아가야 할 복지 예산 충당이 어려워지기 때문이다. 복지에 들어갈 막대한 자금의 원천은 세금이다. 정부는 직접세와 간접세를 거둬들여야 하는데, 침체된 경제 상황 때문에 국가로 들어오는 세금이 줄었다. 국가는 노년 세대의 노후를 보장하지 못한다. 이제 개인이 각자 노후를 준비해야 한다.

하지만 노년 세대는 자신의 노후 준비를 뒷전으로 미뤘고, 자녀 교육과 자녀 결혼에 치중한 세대다. 그러니 얼마나 노후 준비가 됐겠는가. 실제로 우리나라 노인 빈곤율은 49.5%다. 노인 2명 가운데 1명은 빈곤을 겪고 있다. OECD 국가 가운데 가장 높은 수치다. 특히 노인 자살률은 유럽 국가들보다 5배나 높다. 다행인지 불행인지는 모르겠지만, 평균수명은 계속 늘어나고 있다. 가뜩이나 노후자금도 부족한데 100세 시대라니. 이대로 가면 골판지 모으는 할머니도 치열한 경쟁 속에서 살아남아야 한다.

이처럼 우리는 대동소이한 목표와 문제를 안고 살아간다. 처한 상황을 개인적인 문제로만 생각할 것이 아니라 사회적 문제이자, 하나의 흐름으로 인식해야 한다. 당신이 무능하거나 불행한 탓으로만 여겨서는 안 된다. 근본적인 원인은 따로 있으니 너무 자신을 원망하지는 말자.

몰락하는 자영업

.

자영업 권하는 사회

대부분의 부모세대는 허리띠 졸라매고 경주마처럼 앞만 보며 달렸다. 소득은 그대로인데 생활비만 늘어났다. 자녀에게 용돈도 주고, 노후준비도 하고 싶은 마음은 굴뚝같다. 하지만 현실은 늘 제자리걸음만 하고 있어 속만 타들어 간다. 소득이 높은 사람들이야 걱정이 없겠지만, 평범한 가장에게는 하루하루가 살얼음판이다. 앞날이 캄캄하다. 독립운동 하는 심정으로 창업을 결심한다. 금방이라도 부자가 될 듯 의욕이 넘친다. "치킨집은 못 벌어도 직장인보다 낫다"라는 말을 듣고 치킨을 아이템으로 선택했다. 대한민국은 그렇게 치킨 공화국이 됐다.

우리나라 치킨 매장은 3만 6천 개. 전 세계에 있는 맥도날드 매장 3만 5천 개보다 많다. 지금은 직원들에게 월급 주는 것도 힘들다. 치열한 경쟁이 수익성을 떨어트렸다. 도대체 얼마나 많은 사람이 자영업으로 경쟁하고 있을까? 국세청 통계자료에 따르면, 총 사업자 수는 2006년 약 400만 개에서 꾸준하게 늘어나 2015년 600만 개를 넘어섰다. 시간이 갈수록 경쟁이 점점 치열해지고 있다.

600만 개라는 수치가 많은 것인지 적은 것인지 감이 오질 않는다. 그래서 산업경제연구원은 다른 국가와 비교했다. 1,000명당 외식업체와 숙박업체 수를 분석한 것이다. 미국 2개, 영국 2개, 일본 5개, 우리는 13개다. 일본보다 2배가 많고, 미국보다 6배가 더 많다. 다른 국가들보다 훨씬 높은 경쟁률이다. 풀이하자면, 미국은 고객 1,000명을 대상으로 음식점 2곳이 경쟁하지만, 우리는 무려 13곳이 경쟁한다. 이제야 치열하게 경쟁하고 있다는 것이 실감 난다.

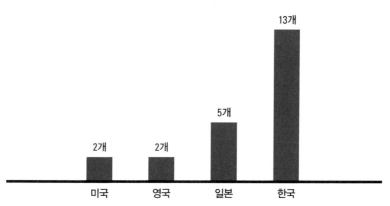

인구 1000명당 외식·숙박업체 수

*출처: 산업경제연구원

창업공화국 VS 폐업공화국

치열한 경쟁을 비웃듯 신규 창업자는 여전히 많다. 자신의 꿈을 위해 스스로 창업을 선택한 사람도 있지만, 대부분 어쩔 수 없이 내몰린 생계형 창업자다. 목적이 무엇이 됐든 창업은 일자리와 소득을 만들어 경제를 활성화한다. 그런 효과는 좋은 일이다. 하지만 지금은 매년 신규 창업자가 나온 탓에 출혈경쟁이 심해지고 있다. 창업하면서 받은 대출이자도 갚지 못하는 상황에서 폐업하는 사례도 속출하고 있다.

한 해 동안 10곳이 창업하면 7곳은 폐업한다. 쓰러질 확률도 높은데, 한 번 쓰러지면 다시 일어서기는 더욱 힘들다. 가족들에게 희망이

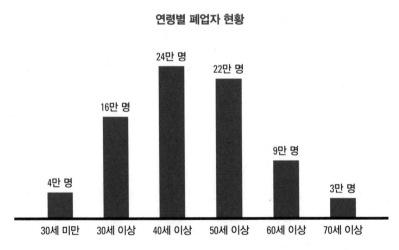

연령별 폐업자 현황

*출처: 통계청

었던 창업이 절망이 돼서 돌아오고 있는 셈이다.

　문제는 폐업하는 자영업자의 연령대다. 폐업자 가운데 40대가 가장 많고, 50대가 그 다음이다. 40대와 50대는 자녀들이 대학에 입학하고 결혼하는 시기며, 노후준비를 해야 하는 시기다. 가장 중요한 시기인데 폐업과 동시에 빚더미에 앉는다. 이런 경우 안정적인 곳에 재취업은 어렵고, 불안한 저임금 일자리를 전전하게 된다.

　자영업이 몰락하는 이유가 무엇일까? 아이템 선정에 실패해서? 상권이 별로라서? 자영업자가 너무 많아서? 모두 맞는 말이다. 한 가지 추가하자면 사회적인 문제도 있다.

　2017년 1월 28일 '전안법(전기용품 및 생활용품 안전관리법)'이 시행을 앞두고 있었다. 법안에 따라 신체에 접촉하는 대부분의 상품은 KC인증(국가통합인증)을 받아야 한다. 또 인증을 받기 위해 최대 수백만 원의 검사비용이 들어가게 된다. KC인증 없이 제조와 수입, 판매는 불가능하다. 위반 시 500만 원 이하의 과태료가 부과된다. 문제는 의류와 잡화도 인증을 받아야 한다. 1,000원짜리 티셔츠를 팔더라도 마찬가지다. 검사시설이 없는 영세한 상인들은 하루아침에 범법자가 되게 생겼다. 아니면 장사를 접어야 한다. 반면, 검사시설을 갖춘 대기업은 시장을 늘릴 좋은 기회다. 법안 시행 4일 전(1월 24일), '전안법' 소식이 실시간 검색어에 오르고 각종 SNS를 타고 대한민국에 퍼졌다. 영세한 상인들과 의류 가격상승에 반대하는 소비자들이 분통을 터뜨렸다. 논란이 불거지고 채 하루도 되지 않아 법안 시행은 1년 유예됐다.

결과적으로 이 정책은 자영업보다 대기업이 사업하기 좋은 사회를 만들었다. 따라서 대기업이 골목상권까지 진출했다. 이제는 자영업자가 대기업을 상대로 경쟁해야 한다. 대한민국에서 자영업으로 성공하기란, 아니 살아가기조차 힘든 일이 되어버렸다.

재벌을 위한 사회

괴물이 되어버린 재벌 기업

사람들은 대한민국을 '헬조선'이라고 한다. 점점 심해지는 빈부 격차, 지속되는 경기침체, 심각해지는 청년실업 문제 등 때문에 요즘 젊은이들이 자조적으로 내뱉는 이 땅의 현실이다. 반면 일부 재벌들은 사내유보금을 계속 쌓아갔고 문어발식 확장을 통해 골목상권까지 침투했다. 또, 그들끼리 내부거래를 하며 점점 더 부유해졌다. 게다가 지난 10년간 보수 정권은 친대기업적 성향을 보이며 법인세를 인하했다. 그러면 여유가 생긴 대기업들이 더 많은 투자와 채용을 할 것이라 했다. 하지만 현실은 그렇지 않았다. 그들은 더욱 탐욕스러운 괴물이 되어 서민들의 일자리와 밥줄을 찾아 열심히 자신들의 것으로 만들었다.

재벌은 어떻게 탄생했을까? 박정희 정권의 오래된 흑백사진 속으로 거슬러 올라가야 한다. 당시는 온 나라가 가난했던 시절이다. 정부는 경제를 살린다는 목적으로 기업에 막대한 돈을 빌려주었다. 이때, 잘 나가는 기업들을 더 집중적으로 키우자는 주장이 나왔다. "대기업이라는 컵에 돈을 가득 채워야 한다. 컵에서 돈이 넘치면, 다른 곳으로 돈이 흐를 것이다." 바로 '낙수효과'다. 그 덕분에 그들은 정부 지원을 받아 경제를 급속도로 성장시켰다.

재벌은 이제 우리에게 없어서는 안 될 존재가 됐다. 재벌기업은 수많은 직원과 하청기업에 소득을 분배하며, 해외자본으로부터 국내 경제를 보호한다. 우리 경제를 지탱하는 버팀목이 되었다.

그러나 최순실 국정농단 사태에서 볼 수 있듯이 재벌은 정권과 결탁하여 갖은 특혜를 누리고 그들만의 잔치를 벌였다. 재벌기업은 단순히 경제 권력만 쥔 것이 아니라 정치 권력도 일정 부분 사유화해버렸다. 그들은 도덕적 해이에 빠졌고, 수백억 원의 탈세와 횡령은 별일 아닌 듯 저지르곤 했다. 하청기업이나 사회적 약자에 대한 '갑질'은 더욱 심화되었고 노동자들의 인권을 짓밟는 경우도 빈번하게 발생했다. 그럼에도 불구하고 우리는 여전히 권력을 가진 재벌기업에서 일하기를 원하고 있다.

낙수효과는 이론일 뿐이다

정부에서는 부작용에 대처하기보다 낙수효과를 내세워 대기업에 더 많은 지원을 했다. 수백억 원을 횡령해도 경제를 살려야 한다는 명분으로 특별사면으로 풀어주었다. 또 그들에게만 관대한 세금 정책도 잇달아 나왔다. 가업상속은 500억 원 기본공제 후 세금을 계산했다. 부의 대물림이 쉬워지자 자녀들에게 시장을 하나씩 물려줬다. 컵의 크기를 키워 더 많은 부를 축적하며, 시장을 잠식해 나갔다. TV에 자주 등장하는 기업들을 타고 올라가 보면, 결국에는 한 핏줄이거나 사돈 관계에 있는 것도 다 이유가 있다.

시장을 장악한 재벌기업들은 신생기업이 넘을 수 없는 벽이자, 중소기업을 언제라도 밟을 수 있는 거인이 됐다. 이제는 서민들의 마지막 보루인 골목상권까지 진출하고 있다. 이제 낙수효과는 대한민국 어디에서도 찾아볼 수 없다.

혹자는 "재벌기업의 직원들이 급여를 받아 생활비로 사용했을 테니 결과적으로 시장에 돈이 흘러간 것이고 낙수효과는 성공했다"고 말한다. 하지만 소비를 했다는 사실만으로 판단해서는 안 된다. 소비를 했다고 낙수효과에 성공한 것이라면, 굳이 재벌기업을 키워줄 필요가 있을까. 중소기업을 지원해도 소비는 얼마든지 일어날 수 있기 때문이다.

위험한 재벌주도형 경제

재벌기업들은 정부 지원이 있었기 때문에 시장을 장악할 수 있었다. 하지만 정부 지원은 기업을 나약하게 만들었다. 정부 지원이 주는 안락함에 취해 글로벌 경쟁력을 잃어갔다. 글로벌 경쟁에서 밀리자 수익은 떨어졌고, 대출이자 갚기에도 빠듯한 '좀비기업'까지 출현했다.

〈CEO스코어〉에 따르면, 2015년 국내 대기업 10곳 중 1곳, 상장기업 4곳 중 1곳이 좀비기업으로 조사됐다. 또한, 금융감독원이 2015년 국정감사에 제출한 '은행의 기업대출 현황'에서도 부실규모를 확인할 수 있다. 자료에는 부채가 많은 '완전 자본잠식' 기업들이 있는데, 그들의 대출 잔액만 무려 23조 원에 달했다. 학자금 대출 7조 원 탕감, 10만 가구에 1억 원짜리 서민용 임대아파트 공급, 어린이집 무상보육을 동시에 시행할 수 있는 규모다. 엄청난 돈이 좀비기업에 묶여 있는 셈이다.

재벌기업이 이끄는 경제는 위기가 닥치면 양날의 검처럼 경제에 치명적인 상처를 남긴다. 우리는 재벌주도형 경제가 얼마나 위험한지 이미 경험했다. 바로 IMF 때다. 한보그룹을 시작으로 15개 재벌기업이 파산했다. 진로, 해태, 삼미, 기아, 극동 등 30년의 역사를 자랑하는 기업들도 예외는 아니었다. 재벌기업만 바라보고 있던 하청기업들은 연쇄부도가 났다. 거리에는 실업자가 넘쳤고, 경제는 그 자리에서 주저앉았다.

부도기업은 회생절차로 회생할 수 있는가?

만약 기업이 쓰러지면 정부에서는 어떻게 할까? 정부는 기업에 인공호흡기를 들이민다. 기업을 회생시켜 다시 달리게 하고 싶기 때문이다. 하지만 일으켜 세우지 않는 것이 더 좋을 수 있다. '회사를 살리면 더 좋은 것 아니냐'라고 생각할 수 있지만, 생각과 다르게 결과가 긍정적이지만은 않다.

내가 발표한 '회생기업'에 관한 논문이 있다. 〈재무적 특성을 활용한 회생기업 예측에 관한 연구〉라는 제목이다. 1997년부터 2012년까지 부도 처리된 기업들을 분석했다. 수많은 기업이 부도가 나면 회생 절차를 밟는다. 부실기업을 국민 세금으로 회생시키고, 정상화된 기업은 다시 재벌에게 돌아간다. 즉, 경영을 잘못해서 손실이 나면 국민 세금으로 해결하고, 그 책임은 막대한 이익을 차지했던 경영자가 아닌 노동자에게 '구조조정'이라는 명목으로 전가된다. 우리는 재벌기업의 부채를 탕감해주는 재벌을 위한 사회에 살고 있다.

회생절차를 밟는다고 기업이 살아나는 것도 아니다. 회생 진행 도중에 쓰러지기도 하고, 회생완료 후에 다시 쓰러지기도 한다. 그리고 채권을 당장 회수하면 100만 원을 받지만, 나중에는 20만 원이 안 될 수도 있다. 게다가 회생기간은 최대 10년이나 걸리는데, 생각하지 못한 사고들이 계속 발생한다. 문제는 회생하지 못했을 때다. 막대한 공적/사적 자금이 손실을 본다. 결국 그 비용은 국민에게 부담으로 남게 된다. 쓰러진 말을 일으켜 세우는 행위 자체가 득보다 실이 더 클 수 있다는 뜻이다.

대한민국은 지금 불공정한 게임을 하고 있다. 소득은 한 곳으로 치우쳤고, 일부 재벌기업은 벤처기업의 아이디어를 사냥한다. 위험하기만 한 재벌주도형 경제가 흔들리고 있다. 그렇다고 재벌을 몰아내자는 뜻이 아니다. 그들에게 일을 시켜야 한다. '클래시 오브 클랜'이라는 게임으로 핀란드를 먹여 살렸던 게임회사 '슈퍼셀'처럼 해외에서 돈을 벌어오게 해야 한다. 그리고 재벌기업이 쓰러져도 그 자리를 대체할 벤처기업과 중소기업들을 육성해야 한다. 주요 산업에서 다른 국가에 추격당하고 있는 지금, 위기는 언제든지 발생할 수 있기 때문이다.

폭탄이 된 부동산

자산의 68%가 부동산에 집중되다

우리나라 국민은 부동산에 대한 애착이 남다르다. 통계청 자료에서도 알 수 있듯이 자산 중 부동산의 비율이 평균 68%에 달할 정도로 높다. 자산의 반 이상이 부동산에 묶여 있다. 위기가 닥쳤을 때 현금화가 어렵다는 유동성 문제가 있지만, 부동산에 대한 애착은 식을 줄 모른다.

게다가 애착은 집착이 되었다. 어디에 사는지에 따라 사람을 평가한다. 주거 공간으로 사람의 '등급'을 나누다 보니 해괴한 갈등이 사회 문제로 표출되곤 한다. "저기에 사는 애들이랑 놀지 마!" "옆에 들어선 서민 아파트가 우리 아파트 주거 환경을 망친다." 아이들도 어른들의 왜곡된 가치관을 배우고 있다.

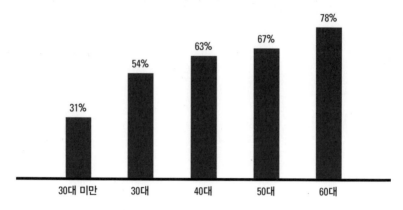

부동산 자산 비율

31% 30대 미만
54% 30대
63% 40대
67% 50대
78% 60대

*참고: 통계청

　우리나라에서 부동산은 주거 공간보다는 투자 수단으로서 더 많이 회자된다. 십년 전에 산 아파트가 지금까지 몇 배가 올랐다는 이야기는 셀 수도 없이 많다. 주변 사람들에게 부동산을 투자용으로 어떻게 생각하는지 물어봤다. 기성세대는 "실패해도 부동산은 남으니까 좋다"라고 하지만, 젊은 세대는 "가격이 너무 비싸서 싫다"라고 한다. 부동산을 바라보는 시선이 서로 다른 것은 왜일까? 부모 세대는 부동산으로 인생을 역전한 사례를 많이 목격했다. 집값은 하락하더라도 시간이 지나면 결국 올랐기 때문이다. 그래서 부동산을 맹신한다. 하지만 자녀 세대는 집만 있는 거지를 뜻하는 '하우스푸어'를 목격했다. 일본의 잃어버린 20년을 남의 이야기로 생각하지 않는다. 당연히 부동산을 바라보는 시각이 다를 수밖에 없다.

부동산 거품을 판단하는 기준

부동산 거품에 대해서도 의견이 분분하다. 전문가들의 여러 의견 가운데 거품이 없다는 주장이 눈에 띈다.

그들의 주장은 첫째, '통화량'을 근거로 한다. "시중에 돈(통화)이 많이 풀리면, 돈의 가치는 떨어진다. 돈의 가치가 떨어지면 상대적으로 부동산 가치는 오르게 된다"라고 말한다. 하지만 이런 주장은 설득력이 없다. 일본의 아베노믹스 사례에서 봤듯, 막대한 돈을 풀었다고 부동산이 살아나는 것은 아니기 때문이다.

둘째, 1년 동안 창출한 가치를 뜻하는 GDP(국내총생산)를 근거로 한다. 일본의 12년(1983~1995년)과 우리의 20년(1994~2014년)을 비교해보자. 일본 GDP가 4배 상승하는 동안, 부동산은 500%가량 상승했다. 반면, 우리는 GDP가 2배 상승하는 동안, 부동산은 70%가량 상승했다. 풀이하면 "일본은 부동산 상승이 GDP보다 더 높았지만, 우

한국과 일본의 GDP 및 부동산 비교 예시

구분	한국	일본
비교 기간	20년	12년
비교 연도	1994~2014년	1983~1995년
GDP 상승	약 2배 상승	약 4배 상승
부동산 상승	약 70% 상승	약 500% 상승

리는 GDP보다 더 낮게 상승했으므로 거품이 없다"라는 주장이다. 통화량을 근거로 하는 주장보다는 설득력이 있다. 하지만 이 주장도 신빙성이 떨어진다. 조사 기간 이전부터 거품이 있던 상태일 수 있기 때문이다.

이런 주장들은 입에서 입으로 전해지며 전파된다. 이런 시장의 가설보다 더 신빙성 있는 분석방법은 없을까? 물론 있다. 전체 부동산 가치가 GDP의 몇 배인지 계산하면 된다. 그리고 다른 국가와 비교하면 끝난다. 비교한 결과 다른 국가보다 배수가 높게 나왔다면, 거품이 있을 수 있다고 판단한다.

GDP 대비 부동산의 가치를 살펴보면 미국은 1.2배, 네덜란드는 1.6배, 일본은 2.4배, 호주는 2.5배, 한국은 4.1배다. 만약 아파트 가격

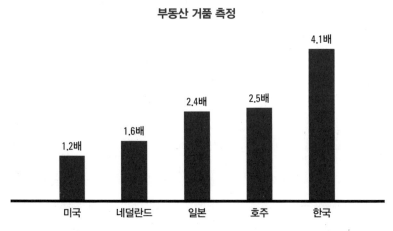

부동산 거품 측정

*참고: 박종훈의 대담한 경제

이 똑같다면 미국과 한국 가운데 어디에 있는 아파트를 사들이겠는가? 당연히 미국에 있는 아파트를 사들여야 한다. 미국보다 한국에 있는 아파트의 가치가 GDP 대비하여 높다면 거기엔 거품이 낀 것이다.

고령사회는 왜 위험한가?

거품이 있어도 탄탄한 소비층만 있다면 문제 될 것이 없다. 하지만 우리는 베이비붐 세대(전쟁 후 사회적·경제적 안정 속에서 태어난 세대. 우리나라의 경우 6·25 전쟁이 끝난 후인 1955~1963년 사이에 출생한 사람들)가 은퇴하면서 구매력 있는 소비층이 급감하고 있다. 베이비붐 세대의 은퇴는 그들만의 문제가 아니다. 국가 경제에 미치는 영향력이 매우 크기 때문이다. 우리보다 먼저 베이비붐 세대 문제를 경험한 일본 사례를 보자.

일본에 부동산 신화를 보여주는 대표적인 인물이 있다. 바로 '센마사오'라는 가수다. 그가 사들인 부동산 옆으로 철도가 깔리면서부터 신화가 시작되었다. 땅값이 하루가 다르게 폭등하자 그는 자신의 실력이라고 착각한다. 돈맛을 본 그는 대출을 받아 투자를 시작했다. A 부동산을 담보로 대출받아 B를 사들이고, B를 담보로 대출받아 C를 사들이는 식으로 부동산을 늘려나갔다. 어느 순간, 자산 가치는 3,000억 엔(2조 9,000억 원)에 달했다. 부동산 재벌이 된 것이다. 하지만 호화로운 생활에 취해 있던 1991년, 일본 경제에 찬바람이 불어왔다. 거품이 바람에 날려 사라지듯 부동산 가격도 폭락하기 시작했다.

부동산 가격은 순식간에 대출금액보다 더 낮아져버렸다. 결국, 그에게 남은 것은 1,030억 엔(1조 원)에 달하는 빚뿐이었다. 2013년에 이르자 일본의 주택은 7채 가운데 1채가 빈집이 되었고 집값은 3분의 1 토막이 났다.

일본 부동산 가격의 급등과 급락에는 여러 가지 특징이 있었다. 그 한가운데에 베이비붐 세대가 있다. 2차 세계대전 패전 직후 신생아가 폭발적으로 늘었다. 그들을 단카이 세대 또는 베이비붐 세대라고 한다. 폭발적인 인구 증가는 경제 호황과 부동산 가격 상승의 밑거름이 되었다. 고도성장에 접어든 것이다. 시간이 흘러 베이비붐 세대가 은퇴할 시기가 다가왔다. 그들은 시장에 부동산을 쏟아내기 시작했다. 하지만 사려는 젊은 세대보다 팔려는 베이비붐 세대가 더 많았다. 결국 부동산 가격이 폭락했다.

그렇다고 우리도 일본처럼 부동산이 폭락할 것이라는 예측은 성급하다. 부동산 시장은 수많은 변수에 의해 움직인다. 그 변수들 가운데 인구변화는 수요와 공급을 결정하는 가장 중요한 역할을 한다. 절대적인 변수는 아니지만, 결코 무시할 수도 없다.

혹자는 인구와 부동산 간에 연관성이 없다고 주장한다. 그들은 독일도 일본과 비슷했지만, 부동산 가격이 올랐다고 주장한다. 하지만 독일의 경우, 10명 가운데 6명이 임대주택에 거주하고 있으며, 부동산 가격은 이미 많이 내려간 상태에서 적정가격을 찾은 경우다. 게다가 GDP는 세계 2위였다.

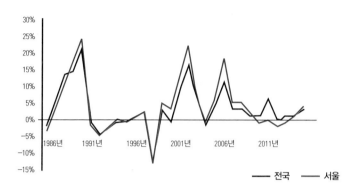

부동산 매매가격 증가율

*참고: 통계청

그러나 우리나라에서 부동산은 노후를 책임질 만큼 큰 비중을 차지한다(60대 이상의 경우 보유 자산의 78%가 부동산이다). 우리나라 베이비붐 세대의 노후는 부동산에 달려 있다. 하지만 기대와 다르게 시장 분위기는 차갑다. 젊은 세대에게 부동산을 사들일 능력은 없고, 주택 보급률도 이미 100%를 넘어섰기 때문이다.

그래서 정부는 오래전부터 충격에 대비한 정책을 펼치고 있다. 부동산을 담보로 노후생활비에 쓰도록 했고, 저금리 대출로 주택 구매를 유도했다. 하지만 이것은 근본적인 문제 해결이 아니다. 다음 사람에게 폭탄을 넘기는 정책일 뿐이다.

저금리의 충격

저축을 못하는 시대

벚꽃이 휘날리는 밤, 대학교 조교 시절 친했던 친구와 술잔을 기울이고 있었다. 분위기가 무르익어갈 때쯤 푸념의 작은 목소리가 들린다. "힘들게 저축하고 있는데, 돈이 예전처럼 모이질 않아 걱정이다." 다들 갈수록 삶이 팍팍해지고 있다. 저축은커녕 대출이 없으면 성공한 삶이라고들 한다.

1988년, 서울 올림픽이 열릴 때만 해도 우리나라 저축률은 25%였다. 100만 원을 벌면 25만 원은 저축했다는 말이다. 알뜰하게 저축하면서 집도 사고 노후준비도 했다. 적어도 IMF를 겪기 전까지는 그랬다. IMF가 닥치자 은행과 기업들이 쓰러졌다. 안전하다고 믿었던 은행 상품도 손실이 났다. 사람들은 금융회사를 불신하기 시작했고, 돈은 가야 할 방향을 잃었다. 그리고 대량 실업사태는 월급이 아무리 박봉이라도, 일할 회사가 있다는 것에 감사하게 했다.

해마다 소득은 야박하게 올랐고, 물가는 평균 3%씩 착실하게 올랐다. 마트에 장을 보러 가는 날이면 삶의 중압감이 어깨를 짓눌렀다. '라면값이 올라봐야 얼마나 오르겠냐?'라고 생각하겠지만 장을 보면서 라면 한 봉지만 사는 건 아니지 않은가? 평소에 먹고 싶었던 식품들을 쇼핑카트 한가득 담는다. 하지만 쇼핑카트에 담긴 각각의 상품들도 매해 조금씩 오른다. 이렇게 오른 물가는 지폐를 더 꺼내 들게 만든다. 가랑비에 옷이 젖어 무거워지듯, 어느새 우리 물가도 해마다 무거워졌다.

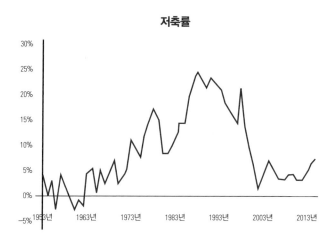

저축률

*참고: 통계청

결과적으로 소득은 해마다 제자리걸음인데, 물가는 계속 올랐다. 따라서 저축할 수 있는 금액이 줄었다. 20%를 넘겼던 저축률이 10% 이하로 떨어졌다. 저축률 10% 이하, 다 같이 저축을 못하고 있으니 안심이라고 말할 수 있을까? 마치, 타임머신을 타고 못 살던 1960년 대로 돌아간 듯하다.

저금리는 재테크의 무덤

IMF 이후 가장 큰 변화는 금리다. 국가가 지급을 보장하는 국고 채 금리가 9%대에서 2%대까지 떨어졌다. 덩달아 10%를 넘겼던 은 행 금리도 1%대까지 떨어졌다. 이자가 예전보다 10분의 1로 줄어든 것이다. 사람들은 은행을 떠나기 시작했지만, 그렇다고 돈을 굴릴 만한 곳도 없다.

1990년대 말에는 금리가 10% 이상인 저축상품을 흔하게 볼 수 있었다. 매월 100만 원을 10년간 저축하면, 2억 원 이상 모을 수 있는 상품들이었다. 위험을 부담하면서까지 투자할 필요가 없었던 시절이다. 하지만 지금은 1%대 초저금리 시대다. 10년을 열심히 저축해봐야, 1억2천만 원을 조금 넘기는 수준이다. 예전과 비교하면 약 '8천만 원' 이나 줄어들었다.

돈은 모이니까 다행이라고 생각할 수도 있지만 깊이 파고들면 이 야기가 달라진다. 예전에는 2억 원으로 노후생활비를 해결할 수 있었다. 100만 원을 10% 금리로 10년간 저축해서 약 2억 원이 모이면, 해마다 약 2억 원의 10%가 이자로 나왔다. 해마다 이자 2,065만 원이 나오면, 월 172만 원을 노후생활비에 사용할 수 있었다.

하지만 금리가 1%대로 떨어지면서 1억2천만 원이 조금 넘는 금액이 모였고 약 1억2천만 원의 1%가 이자로 나온다. 연간 126만 원, 매월 10만 원으로 생활해야 한다는 뜻이다. 추가로 물가가 계속 상승함에 따라 생활비는 더 많이 들 것이다. 이런 이유로 저축은 노후준비 대책이 될 수 없다.

저금리가 그동안의 각종 계획을 허상으로 만들어버렸다. 재무설계와 자산관리 계획도 마찬가지다. 예전처럼 돈이 모이질 않고 점점 가난해지는 것이 당연하다. 이제 저축만 믿고 있다가는 자녀들 결혼자금은 고사하고, 노후준비도 못할 판이다.

언제까지 저금리가 이어질까? 저금리는 장기 불황이 끝나는 날까

시대별 금리차이 결과 예시

구분	1990년대	2010년대
월 저축액	100만 원	100만 원
저축 기간	10년	10년
금리	10%	1%
만기시점 자금	20,655만 원	12,625만 원
연 이자	2,065만 원	126만 원
월 생활비	172만 원	10만 원

*월복리, 비과세 예시

지 계속될 것이다. 정부가 경기를 살리기 위해 금리를 이용하기 때문이다. 시중에 돈이 풀리면, 돈의 가치는 떨어진다. 돈의 가치가 떨어지면 금리 또한 떨어진다. 금리가 떨어지면 사람들은 대출을 받아 투자와 소비를 한다. 결국에는 투자와 소비가 경기를 부양하게 된다. 경기를 부양하기 위해서 저금리정책이 필요한 것이다.

반면 초저금리는 저축으로 자산을 불릴 수 없게 만들었다. 그리고 물가는 시간이 흐를수록 계속 오르게 된다. 즉, 예전에는 바람이 돛단배를 밀어줬지만, 지금은 직접 노를 저어야 한다. 이제 그 옛날 좋은 시절의 꿈에서 깨어나야 할 시간이다.

02

게임의 룰을 알아야
돈이 보인다

대출의 두 얼굴

부채 규모보다 증가 속도가 문제다

대한민국에서 대출 없는 가정을 찾기란 쉽지 않다. 학자금 대출을 받아 대학을 졸업하고 취업 후에도 자동차와 주거공간을 위해 또 다시 대출을 받는다. 학자금 대출 상환을 끝내기가 무섭게 다른 대출을 상환한다. 나도 마찬가지였다. 우리는 그렇게 은행을 먹여 살린다. 뉴스에서도 가계부채 규모가 사상 최대라고 한다. 내일 나라가 망할 듯 아나운서 목소리 톤이 높다. 이런 뉴스가 나올 때마다 공포심에 휩싸이면서 만감이 교차한다. '다시 IMF 겪는 것 아니야?', '다들 힘들게 살고 있구나.'

부채라고 다 같은 부채가 아니다. 부채에도 종류가 있다. 국가부채와 기업부채, 가계부채로 구분한다. 앞서 말한 뉴스에 나온 부채는 개인의 가계부채다. 가계부채 규모가 최대치를 경신하면 정말 나라가 망할까? 나라가 망하는 것과는 거리가 멀다. 막연한 공포심을 가질 필요는 없다. 부채 규모는 항상 최대 기록을 경신하면서 증가해왔다. 부채 증가는 아주 자연스러운 현상이다. 다만, 부채 규모보다 증가 속도가 문제다.

예를 들어보자. A는 자산 100만 원과 부채 70만 원이 있다. 자산은 100만 원에서 10% 올라 110만 원이 됐다. 하지만 부채는 70만 원에서 100% 올라 140만 원이 돼버렸다. 결국, 순자산이 마이너스가 됐다.

만약, 국가가 부도나면 어떻게 될까? 국가도 부도나면 기업처럼 망할까? 생각과 다르게 망하지 않는다. 단지 주변 국가들이 피해를 볼 뿐이다. 국가가 부도나고 진행되는 상황을 설명하자면 다음과 같다.

부채가 많은 A 국가가 있다. 어느 날 빌린 돈을 못 갚겠다고 '디폴트'를 선언한다. 돈을 빌려준 B와 C, D 국가는 정신적인 충격을 받는다. 그리고 돈을 받기 위해 다 같이 무역제재를 가한다. 이제 부도난 A 국가는 국제사회에서 무역을 할 수 없게 됐다. 추운 겨울도 다가오고

자산과 부채 증가 비교

구분	증가 전	증가 후	비고
자산	100만 원	110만 원	10% 증가
부채	70만 원	140만 원	100% 증가
순자산	30만 원	−30만 원	

식량도 부족하다. A 국가는 견디다 못해 갚기는 갚겠다고 '모라토리엄'을 선언한다. 천천히 갚는 대신 국제통화기금 IMF의 지시에 따라야 한다. 그렇게 국가 구조조정이 시작된다. 부도가 났다고 나라가 망하는 것은 아니다. 하지만 국민이 힘들어지는 것은 사실이다. 우리가 1997년 그랬던 것처럼 말이다.

우리는 지금 어떤 상황일까? 정부는 IMF 이후 외화보유액을 늘려왔다. 기업에게는 500% 언저리에 있던 부채비율을 200% 이내로 낮추라고 지시했다. 즉, 국가부도와 거리가 멀다는 뜻이다. 걱정해야 할 것은 대출받아 생활하는 국민이다.

신용팽창이 호황을 부르고 공급과잉이 불황을 부른다

가끔 정부가 기업의 부채를 탕감해주듯, 국민의 모든 부채도 탕감해주는 상상을 한다. 생각만으로도 마음이 가벼워지는 일이다. 실제로, 부채는 정당한 사유에 한해 정책과 법원 판결로 탕감받을 수 있다. 하지만 모든 부채를 탕감해주면 경제에 불황이 올 수 있어 위험하다. 대출(부채)이 경제 규모를 키워왔기에 대출이 줄어들면 경제 규모도 줄어들기 때문이다.

예를 들어보자. 대한민국 통화가 200만 원뿐이다. 부유한 A는 대한민국 통화 200만 원을 모두 차지했다. 그리고 200만 원을 은행에 예금했다. 한편, 가난한 B는 사업을 위해 은행에서 100만 원을 대출받았다. 부유한 A는 은행에 200만 원이 있고, 가난한 B는 현찰로 100만 원

신용팽창

구분	대출 받기 전		대출 받은 후	
	부유한 A	가난한 B	부유한 A	가난한 B
자산	예금 200만 원	–	예금 200만 원	현찰 100만 원
총 통화	200만 원		300만 원	

이 있으므로 대한민국 통화는 총 300만 원이 됐다. 은행에서 신용대출로 100만 원을 만든 것이다. 이것을 '신용팽창'이라 한다.

신용팽창은 한 단계에서 끝나지 않는다. 가난한 B도 쓰고 남은 50만 원을 은행에 예금한다. 은행이 보유한 예금 규모는 200만 원에서 250만 원이 됐다. 누군가는 또 대출을 받는다. 예금과 대출이 무한 반복된다. 대한민국 통화는 200만 원이지만, 신용팽창과 함께 경제 규모도 빠르게 팽창한다.

신용팽창의 시기에는 정말 살 만한 세상이다. 시장에는 돈이 넘쳐나고, 경기는 호황을 누린다. 자고 일어나면 부동산값이 오른다. 거리엔 쇼핑하는 사람들이 넘쳐난다. 그런데 부유한 A가 은행에 나타났다. 예금 200만 원을 찾아가겠다고 한다. 그동안 대출해준 돈을 회수해야 한다. 은행을 통해 돈이 회수되면, 시장에 풀렸던 돈도 빠른 속도로 줄어든다. 가난한 B는 대출을 상환하기 위해 쇼핑을 줄인다. 어제만 하더라도 상품이 부족했는데, 이제는 상품이 창고에 쌓여간다. 이것을 '공급과잉'이라 한다.

호황과 불황

호황

불황

팽창

붕괴

상점들은 할인행사를 하지만 찾아오는 사람이 없다. 이 상태가 장기로 지속되는 것을 '장기불황'이라 한다. 장기불황에는 소비가 없으니 일자리도 줄어든다. 현재 생활을 유지하기도 벅차다. 버티다 못해 가지고 있는 자산들을 시장에 내던진다. 매물들이 많아지면서 가격은 헐값이 된다. 끝으로 '거품붕괴'와 함께 파산하는 사람이 나온다.

자본주의에는 대출이 꼭 필요하다. 외국과 무역을 위해 달러를 빌리고, 주택구매를 위해 대출을 받는다. 그렇게 우리 경제가 발전했다. 하지만 언제 거품이 꺼질지 아무도 모른다. 거품이 꺼질 무렵 희생양이 되고 싶지 않다면, 대출 규모를 줄여야 한다.

거품 낀 소비가 문제다

소비습관 바꾸기는 어렵다

자본주의에서 소비는 대출 다음으로 중요하다. 소비습관만 제대로 잡아도 인생이 달라진다. 우리가 쉽게 결정하는 소비가 얼마나 중요한지 살펴보자.

불볕더위가 기승이던 2010년, 나는 젊은 혈기에 재능기부를 했다. '부채클리닉'이란 서비스였다. 대상은 대출에 허덕이는 서민들이다. 고금리대출을 저금리로 전환하고, 대출상환 컨설팅을 해줬다. 연령대는 대학생부터 은퇴를 앞둔 사람까지 다양했다.

50대 가장인 자영업자 A는 저축은커녕 대출이자만 상환하고 있었다. 10년이 넘는 기간 동안 은행 이자만 상환하며 은행의 노예로 살았던 것이다. "결혼하고 애들 키우면서 열심히 살았는데, 어디서부터 잘

못된 것인지 모르겠습니다"라고 하면서 깊은 한숨을 내쉬었다. 우선 신용대출부터 담보대출까지 일목요연하게 정리했다.

A는 술자리에서 자신이 결제해야 직성이 풀리는 의리파 남자였다. 그리고 모든 대출을 '만기일시상환' 조건으로 받았다. 매월 나가는 금액이 적어 부담이 없다는 은행직원 말만 듣고 그렇게 했단다. 이자만 상환하다가 만기에 대출원금을 상환하는 대출이다. 만기에 대출원금을 현찰로 가지고 있는 사람이 얼마나 될까? 그렇게 계속 기간을 연장하며 대출이자만 상환했다. 고금리대출을 저금리로 전환하고, 대출원금과 이자를 동시에 상환하는 방식으로 변경했다. A는 5년 뒤, 모든 부채를 청산했다.

부채클리닉의 결과가 A처럼 늘 좋았던 것만은 아니다. 대출상환을 위해 소비습관을 바꿔야 하는데, 습관을 바꾸는 사람은 실제로 드물다. 20대의 사무직 B는 가정이 있는 것도 사업을 하는 것도 아닌데, 세상의 모든 돈을 모조리 끌어다 썼다. 그래도 재무목표는 가지고 있었다. 3년 뒤에 결혼하는 것이다. 그는 모두 신용대출로 돈을 빌렸다. 한 달 생활비로 280만 원 정도를 쓴다. 일주일에 10만 원 가지고 지낼 수 있는지 묻자 "당연히 할 수 있습니다"라고 한다. 일주일에 10만 원씩, 한 달 생활비로 40만 원만 쓰라는 뜻이었다. 신용카드를 해지하고 어렵게 저금리 대출로 전환했다. 몇 개월 뒤, 부채클리닉을 받았던 B의 회사 동료에게서 그의 소식을 접했다. 또 신용카드 만들고 해외여행 다닌다고 한다. 소비습관을 바꾸기란 이처럼 어렵다.

넋 놓고 쓰다 보면 거지꼴 못 면한다

사람들은 사회생활을 시작하고, 자본주의 게임에 참여하기 위해 본능적으로 저축한다. 항상 거창하게 시작하지만, 실상 돈을 모으기가 힘들다. 화려한 마케팅에 취해 피 같은 돈을 조금씩 지출하기 때문이다. 사고 싶다는 '욕구'는 어느새 '필요'가 되어 저도 모르게 무언가를 주문하게 만든다. 이런 충동소비는 자존감이 낮을수록 더욱 심하게 나타난다. "자산이 있어야 금융소득도 있다"라는 사실은 알지만, 충동소비가 우리를 카드값에 허덕이게 만든다.

내 지갑을 노리는 것은 회사만이 아니다. 2016년 5월 6일, 정부에서 평일을 임시 공휴일로 지정했다. 세계적으로 일을 많이 하는 국민을 위해, 여행이라도 다니면서 인생을 즐기라는 뜻일까? 결코 아니다. 자본주의를 유지하기 위해서다. 자본주의는 돈이 돌아야 유지되기 때문이다.

만약 국민이 소비를 하지 않는다면 어떻게 될까? 경제는 그 자리에 주저앉게 된다. 손님이 없는 회사는 폐업할 것이고, 직원은 소득을 잃게 된다. 정부 입장에서도 경제활동이 사라지면 거둘 세금도 사라진다. 세금이 없으면 도로 정비도 국방비 지원도 할 수 없다. 설령 국민이 카드값에 허덕이고 있어도, "소득공제가 되니 카드를 사용하세요"라고 독려한다. 정부도 소비를 유도하는 존재일 뿐이다.

백화점은 세상 무엇보다 고객들을 현혹한다. '마지막 세일'이란 문구는 일생일대 기회처럼 보인다. 그렇게 한바탕 돌고 나면 스트레스가 풀린다. 반면, 저축에 들어가는 돈은 가치 없어 보이고 그다지 기쁘지도 않다. 그래서 쇼핑이 취미가 된다. 하지만, 아무리 많이 벌어도 버는 것은 쓰는 것을 못 이긴다. 돈을 모으려면 먼저 소비를 통제해야 한다.

저축과 투자의 본질은 다르다

정확한 가치는 알 수 없고 사람마다 다르다

우리는 눈에 보이는 모든 것들을 평가하고 가치를 부여한다. 미국의 어느 대학에서 있었던 일이다. 한 교수가 강단에 올랐다. 그는 학생들을 향해 100달러를 들어 올렸다. "이 돈을 가지고 싶은 사람 있습니까?" 모두 손을 들었다. 교수는 갑자기 돈에 침을 뱉었다. "지금도 가지고 싶은 사람 있습니까?" 역시나 손을 들었다. 이번에는 돈을 발로 밟고서 물었다. "아직도 가지고 싶은가요?" 결과는 마찬가지였다. "돈이 더러워진다고 해도 가치는 변하지 않듯, 여러분의 가치도 변하지 않습니다."

경제학에서 말하는 돈의 가치는 조금 다르다. 돈은 가치가 없는 종이에 불과하다. 어떤 뜻일까? 그 옛날, 조개 목걸이가 유행했던 시대에는 자산을 들고 다니며 물물교환을 했다. 시간은 흘러 거래의 편의를 위해 물물교환 대신 쌀과 소금, 면포 등의 실물화폐를 사용했다. 이것이 발달하여 지금의 화폐가 됐다. 즉, 진정한 자산은 집에 있고, 화폐는 자산이 있다는 증서에 불과하다. 학문적으로 그렇다는 뜻이지 오해하지 말자.

개인적으로 아주 많이 듣는 질문이 있다. 회사의 가치에 대한 것이다. 2014년, 주식시장에 좋은 종목이 있어 A 종목을 친구들에게 알려줬다. 주식투자를 좀 한다는 2명에게서 뜻밖의 답장이 왔다. "어떻게 A의 주가가 B의 주가보다 높을 수 있냐?", "A의 시가총액이 B의 시가총액보다 높다는 것은 말이 안 된다."

주가는 회사 소유권을 주식 수로 나눈 값이다. 따라서 주식 수에 따라 주가도 변한다. 100만 원짜리 회사에 주식이 10주가 있으면 한 주 가격은 10만 원이고, 100주가 있으면 한 주에 1만 원이 된다. 주가의 본질이 무엇인지 모르는 사람들은 그저 주가로 회사를 평가한다.

또 회사의 가치를 이야기할 때면, 의견 충돌이 자주 일어난다. 평가방법과 평가시점에 따라 가치도 달라지기 때문이다. 평가의 근거는 회계자료와 비회계자료로 나뉜다. 회계자료 맹신자는 시가총액(주식의 총합)을 회사 가치로 판단한다. 그리고 주가는 회사의 미래수익도 반영하여 형성된다고 믿는다. 반면, 비회계자료 맹신자는 코에 걸면 코걸이 귀에 걸면 귀걸이인 회계자료를 신뢰하지 않는다. 회사를 회계자료로만 평가한다면 애플과 페이스북은 탄생할 수 없다고 말한다.

가치평가의 구분

회계자료	비회계자료
자산가치	경제
상대가치	경영진
수익가치	기술력 등

따라서 비전을 봐야 한다고 믿는다.

결론적으로 가치를 평가하는 데 정답은 없다. 또한, 정확하게 가치를 평가한다는 것도 불가능하다. 평가자들마다 중요하게 생각하는 평가항목도 제각각이다. 자신이 생각하는 중요도에 따라 더 높은 가치를 부여한다. 평가자들이 생각하는 가치에 따라 주가도 요동친다.

재테크를 하려면 은행에서 벗어나라

재테크를 시작하기 전에 가치의 본질부터 알아야 한다. 주식과 채권의 본질을 알고 시작해야 한다. 그래야 수익을 올릴 수 있다. 우선 은행을 생각해보자.

은행의 대표적인 상품에는 적금과 예금이 있다. 가장 많이 이용하는 상품이지만, 어디에 투자되는지 모른다. 은행은 돈이 필요한 회사가 채권을 발행하면, 회사에 돈을 주고 채권에 투자한다. 채권은 담보물권의 가치에 따라 이자율이 정해진다. 은행은 빌려준 돈의 이자율에서 자기 몫을 챙기고, 돈을 은행에 맡긴 고객에게 남은 금액을 준다. 은행이 챙기는 몫인 '예대마진'이 은행의 주 수입원이다. 채권에 투자된다는 것은 투자의 대상이 돈이라는 뜻이다.

그런가 하면 증권사와 보험사의 투자상품은 각종 수수료를 공제하고 굴러간다. 투자의 대상은 잘 알고 있듯이 주로 주식이다. 주가는 미래수익이 예상되면 미리 상승한다. 예상수익은 제품이 많이 팔리거나, 제품가격이 오를수록 커진다. 주식투자는 미래가치와 물가에 투자한다는 뜻이다.

주식과 채권은 반대 방향으로 움직인다. 채권이 떨어지면 주식이 오른다. 경제이론들이 대부분 이런 식이다. 그럼 알기 쉽게 예를 들어 보자.

저축왕 A는 40만 원짜리 컴퓨터를 사기 위해 월급을 저축했다. 저축 만기가 되자 돈을 찾아 매장에 들렀다. 그런데 컴퓨터 가격이 40만 원에서 500만 원으로 올라버렸다. 물가(주식)가 오르는 바람에 돈(채권)의 가치가 떨어졌다. 이제, 40만 원으로는 계산기도 살 수 없다.

다른 예도 있다. 대출왕 B는 사업이 망해 10억 원의 빚을 졌다. 하루하루가 고통인데 물가도 빠른 속도로 올랐다. 빵 한 조각 살 돈도 없다. 그런데 1년 뒤, 고통 뒤에 낙이 왔다. 물가가 너무 올라 공병 가격이 10억 원이란다. 공병을 팔아 1분 만에 대출을 청산했다. 주식(물가)은 역사상 최고 가격이 됐고, 채권(돈)은 신문지보다 가치가 떨어졌다. 그래서 주식과 채권은 서로 반대 방향으로 움직인다.

우리는 물가만 오르는 저금리 속에서 살고 있다. 따라서 돈의 가치도 계속 떨어진다. 은행에서도 오죽하면 다른 회사의 투자상품을 권하겠는가? 그런데 당신의 돈은 지금 어디에 있는가? 아직도 투자가 두려워 은행에서 잠자고 있는가? 사업가는 은행을 대출해주는 곳으로만 생각한다. 재테크를 제대로 하려면 은행과 결별해야 한다는 것을 기억하자.

변하지 않는 자본주의 원칙

지식의 차이가 부의 차이를 만든다

학창시절 컴퓨터는 흔하지 않은 고가의 게임기였다. 그래서 선택한 놀이가 화투놀이다. 친구들과 즐겼던 화투. 비슷한 그림만 맞추면 되니 쉽게 배웠다. 화투를 하다 보면 자연스럽게 상대방의 성격을 파악할 수 있다. 3점만 되면 스톱을 하는 친구, 한 방을 노리고 계속 고를 하는 친구, 간사한 친구, 생각이 없는 친구……. 그 가운데 꼭 한 녀석이 판돈을 싹 쓸어갔다. 나에게 좋은 패가 있으면 스톱을 불렀고 불리하면 고를 불렀다. 마치 나의 패를 훤히 보고 있는 듯했다. 우리는 판돈으로 통닭을 사 가는 친구의 뒷모습을 항상 바라봐야 했다. 그때는 그가 운이 좋아서 계속 이기는 줄만 알았다. 지금 생각해보면 그는 돈을 딸 수밖에 없는 이유가 있었다. 우리는 자신의 화투패에 집착했지만, 그는 전체를 봤다. 전체 패는 몇 개고 어떤 패가 남았는지 파악했다. 게임의 룰을 모르던 우리가 지는 것이 당연했다.

우리는 현실 속에서도 게임을 하고 있다. '자본주의'라는 게임이다. 좋든 싫든 무조건 그 게임에 참여해야 한다. 대한민국은 자본주의 국가이기 때문이다. 자본주의에서는 자산이 많거나 지식이 많을수록 유리하다. 자산이 많으면 돈이 돈을 벌어오고, 지식이 많으면 머리가 돈을 찾아간다. 즐기면서 살 수 있는 달콤한 시스템이다. 하지만 게임의 룰을 모른다면? 항상 질 수밖에 없다.

자본주의의 작동 원리는 고등학교에서 이미 배웠다. 졸업한 지 오래돼서 잊었을 뿐이다. 자본주의 원리는 수요와 공급이다. 수요와 공급에 따라 가격이 형성된다. 이것만 이해하면 가격 변동의 흐름을 읽을 수 있다.

수요와 공급에 따른 가격 변동

수요자들은 공급이 부족하면, 더 높은 가격을 지불한다. 하지만 시장은 수요가 발생하면, 수요를 위한 상품을 공급한다. 시간이 지날수록 수요보다 공급이 많아진다. 수요자들은 같은 성능의 저렴한 상품을 찾고, 공급자들은 출혈경쟁을 한다.

수요와 공급은 필연적으로 거품을 동반한다. 그래서 가격에 거품이 있는지 확인해야 한다. 확인방법은 생각보다 간단하다. "경제는 상식적으로 움직인다. 상식에서 벗어나면 거품이다."

예를 들어보자. 튤립 한 송이 가격이 집값만큼 올랐다고 가정하자. 꽃 한 송이 가격이 집값과 같다니, 상식적으로 이해가 가질 않는다. 상식적으로 이해가 가질 않으니 거품이라고 볼 수 있다.

튤립 가격 폭등은 실제 일어난 사건이다. 약 350년 전 네덜란드에서 터졌다. 꽃은 새로운 가치를 창출하지 않는다. 그런 꽃을 누구나 가지고 싶어 했다. 튤립이 부의 상징이자 선망의 대상이 되었다. 희귀한 튤립은 고가에 팔렸다. 고가임에도 사려는 사람이 줄을 섰다. 누군가 더 높은 가격에 살 것이란 믿음이 있었기 때문이다. 하지만 올라도 너무 많이 올랐다. 귀족도 쉽게 살 수 없는 가격이 되어버렸다. 결국, 영원할 것 같았던 거품도 한순간에 꺼져버렸다.

350년 전 네덜란드의 튤립 광풍은 대한민국 부동산 열풍과 닮아 있다. 그러나 튤립과 부동산의 본질적 차이는 빌릴 수 있다는 점이다. 튤립과 달리 부동산은 전세제도가 있다. 전세제도 또한 수요와 공급 때문에 탄생했다.

전세제도는 1876년 강화도조약이 체결되면서 시작됐다. 처음에는 경성으로 사람이 몰려들자 일부 지역에서만 전세제도가 발전했다. 시간이 흘러 1950년대 한국전쟁이 끝난 후 모든 국민이 가난하던 시절에는 집이 있어도 은행을 이용하기 힘들었다. 집이 필요한 수요와 자금이 필요한 수요가 동시에 공존했다. 수요를 위한 공급으로 일부 지역에만 있던 전세제도가 전체 지역으로 확대됐다. 집주인은 전세제도로 자금을 융통했고, 세입자는 집을 준비했다. 그렇게 세계적으로 찾아보기 힘든 전세제도가 탄생했다.

2017년 도널드 트럼프가 미국 대통령으로 취임했다. 그가 대통령이 될 것이라고 누구도 예상하지 못했다. 전산 오류라고 생각했던 빅데이터만이 그의 당선을 예상했다. 트럼프가 당선된 직후 금융시장은 요동쳤다. 원래 주식과 채권은 반대방향으로 움직인다. 그런데 주식과 채권이 동반 상승했다. 전문가들은 원인을 찾기 위해 혈안이 됐다. 보호무역을 한다고 해서, 신흥국에서 자금이 몰려들어서, 환율이 상승해서……. 다양한 의견이 나왔다. 상식에서 벗어나면 거품이 있는 것이다. 주식과 채권은 반대방향으로 움직여야 한다. 따라서 둘 중 하나는 거품이 있다.

경제는 아직도 수요와 공급 때문에 움직인다. 그래서 자본주의는 단순한 게임이다. 상식적인 곳에 수요가 발생하면 돈이 몰린다. 나아가 수요가 발생하기 전에 투자하면 더 많은 돈을 벌 수 있다. 수요가 있을 곳에 미리 투자해야 한다.

글로벌 경제,
어디로 돈이 모이나

글로벌 경제는 기업 간 거래의 확장판이다

미국은 경제 패권국가다. 2016년 미국은 일정기간 창출한 부가가
치를 뜻하는 명목 GDP가 약 18조 달러를 넘었다. 명목 GDP 1위를
기록하는 어마어마한 규모다. 2위부터 4위까지 합친 것과 비슷하다.
대한민국은 11위로 약 1조 달러다. 미국이 우리보다 10배 이상 많이
번다는 의미다. 돈도 많이 벌지만 달러를 필요한 만큼 찍어낼 수도 있
다. 더욱이 미국은 제조업이 대부분 사라진 '소비국가'라는 점이다. 전
세계 상품을 수입하는 모두의 VIP 고객이다.

돈이 넘치는 미국도 가끔 경제위기를 맞는다. 2008년, 투자은행
리먼 브러더스의 파산과 함께 미국 경제가 주저앉았다. 세계경제도
대공황 이후 최악의 경제침체를 경험했다. 중국이 가장 큰 충격을 받

국가별 GDP와 인구

국가명	명목 GDP	인당 GDP	인구
미국	18조 달러 (1위)	5만 달러 (8위)	32천만 명 (4위)
중국	11조 달러 (2위)	8천 달러 (75위)	137천만 명 (1위)
일본	4조 달러 (3위)	3만 달러 (25위)	12천만 명 (11위)
독일	3조 달러 (4위)	4만 달러 (18위)	8천만 명 (19위)
영국	2조 달러 (5위)	4만 달러 (21위)	6천만 명 (23위)
프랑스	2조 달러 (6위)	3만 달러 (22위)	6천만 명 (22위)
인도	2조 달러 (7위)	–	126천만 명 (2위)
이탈리아	1조 달러 (8위)	3만 달러 (27위)	6천만 명 (24위)
브라질	1조 달러 (9위)	8천 달러 (73위)	20천만 명 (6위)
캐나다	1조 달러 (10위)	4만 달러 (19위)	3천만 명 (39위)
대한민국	1조 달러 (11위)	2만 달러 (29위)	5천만 명 (28위)

*참고 : INTERNATIONAL MONETARY FUND

았다. 그리고 한국과 일본, 유럽 순이었다.

왜 주변 국가들이 피해를 봤을까? 답은 간단하다. 미국이 전 세계에서 가장 큰 소비국이기 때문이다. 미국은 투자은행 파산을 시작으로 주식과 집값이 폭락했으며 실업자는 늘어났고 소득은 감소했다. 미국 국민도 돈이 있어야 쇼핑을 할 수 있다. 돈이 없어서 쇼핑을 못하게 돼버렸으니 당연히 미국만 바라보던 제2의 국가도 수출길이 막히면서 경제가 휘청거렸다. 휘청거리는 제2의 국가와 거래하던 제3의 국가도 타격을 받았다. 국제투자자는 휘청거리는 국가에서 달러를 회수하기 시작했다. 시장에서 달러가 귀해지면서 환율이 치솟았다. 이렇게 미국 경제위기가 주변국가로 확산됐고, 전 세계는 공포에 휩싸였다.

그렇다면 왜 국가별로 피해 규모가 다를까? 저소득층은 저렴한 중국 제품을 사용했다. 그리고 서민층은 가성비 좋은 한국 제품을 사용했다. 또 중산층은 고성능의 일본 제품을, 상류층은 유럽의 고가 브랜드 제품을 사용했다. 그런데 저소득층이 경제위기로 일자리를 잃었다. 자연스레 중국 제품을 사는 사람들도 사라졌다. 서민층과 중산층은 소득이 줄어 한국 제품과 일본 제품의 소비를 줄였다. 반면, 부유한 상류층은 유럽 제품의 소비를 아주 조금 줄였다. 소비하는 고객층에 따라 피해 강도가 다를 수밖에 없다. 그래서 중국이 가장 큰 타격을 받았다. 경제기사에서 미국의 실업률을 자주 다루는 이유이기도 하다.

그럼 미국 다음으로 중요한 중국이 어떻게 세계 물가를 상승시켰는지 살펴보자.

중국은 명목 GDP 2위 국가다. 소비국인 미국과의 차이점은 세계의 굴뚝이라고 불리는 '생산국가'라는 점이다. 중국은 제품을 저렴한 가격으로 세계 곳곳에 수출한다. 그만큼 막대한 달러를 벌어들였고, 중국 내 달러가 넘쳐났다. 흔해진 달러의 가치가 하락하고, 중국 통화인 위안화의 가치가 상승하려 했다. 중국 위안화 가치가 상승하면, 환율 차이로 중국 수출기업들의 수익성이 떨어진다. 따라서 중국 위안화의 가치를 하락시키기 위해, 미국 채권을 사들여 달러를 소진했다.

하지만 미국 경제위기가 발생하자 달러의 전체 가치가 하락했다. 미국 채권 투자를 중단하고 달러를 소진할 다른 대안을 찾기 시작했다. 그렇게 나온 대안이 원자재다. 전 세계를 돌아다니며 원자재를 모조리 사들였다. 시장에서 원자재가 귀해지자 원자재 가격이 올랐다. 원자재 가격상승은 제품을 만드는 데 필요한 재료의 가격상승을 뜻한다. 재료 가격이 상승한 만큼 자동차와 컴퓨터, 스마트폰, 전선 등의 가격도 상승했다. 결국 전 세계의 물가가 올라버렸다.

우리나라는 무역이 아니면 답이 없다

글로벌 경제는 사바나와 같다. 드넓은 초원 위에 동물들이 뛰어노는 평화로운 세상처럼 보이지만 자세히 들여다보면 너 나 할 것 없이 살기 위해 맹수에게서 도망치는 곳이다. 한마디로 글로벌 경제는 약육강식의 세계다. 미국과 중국은 거대한 맹수고, 우리는 작은 맹수다. 다들 자신의 배를 채우려고 혈안이다. 다행히 작은 맹수는 머리가 엄청 좋다. 어떤 위기도 보란 듯 이겨낸다.

우리는 자원이 없어 대외의존도가 높다. 가진 것이라곤 뛰어난 두뇌뿐이다. 나라도 반으로 갈려 육지를 통한 무역은 할 수 없다. 원자재를 배로 실어다가 제품을 만들어 다시 배로 실어 나른다. 그래서 원자재 가격과 환율에 민감하다.

그런데, 대한민국 제품이 튼튼하기로 소문났어도 제품을 실은 배가 적도를 지날 때 문제가 발생한다. 컨테이너 속 고온과 바다 염분,

높은 파도 때문에 힘들게 만든 가전제품들이 망가져버리고 만다. 그리고 인건비가 높아 가격경쟁에서 밀리기 시작했다. 기업들은 해외로 제조공장을 조금씩 옮겼다. 그 나라에서 만들어 팔고 돈은 국내로 보내겠다는 뜻이다. 하지만 그 덕분에 일자리가 줄고 소득격차가 벌어져 내수시장이 위축됐다.

글로벌 경제는 양육강식의 세계다. 언제든지 자국의 이익을 위해 배신할 수 있다. 우리는 미국과 중국만 바라봐서는 안 된다. 우리 제품을 소비할 신규시장을 찾아야 한다. 그런 노력의 일환으로 캐나다와 뉴질랜드, 베트남, 콜롬비아와 1:1 협상을 각각 진행했으며 자유무역협정(FTA)을 체결했다.

신규시장을 만들었다고 끝난 것이 아니다. 무엇인가를 팔아서 돈을 벌어 와야 한다. 작은 노력으로 큰돈을 벌어야 한다. 우리는 자원이 없기 때문이다. 그래야 내수시장이 돌아간다. 정부에서 경제발전 전략을 수립하고 고부가가치 산업에 집중투자하려는 것도 그러한 이유 때문이다.

무엇이 팔릴 것인가? 지구촌이 원하는 제품을 만들어야 많이 팔리고 수익도 올라간다. 그래서 소비자의 욕구 파악이 중요하다. 즉, 글로벌 경제도 결국 수요와 공급에 따라 움직인다. 정부는 그 욕구를 위해 투자를 시작했다. 정부가 돈을 뿌리는 산업에 주목해야 한다.

돈이 돈을 버는 세상

돈이 놀고 있으면 일을 시켜라

예전에 〈도망자 Plan B〉라는 드라마를 재미있게 본 적이 있다. 천문학적인 돈을 좇는 사람들에 관한 이야기다. 여주인공은 직업도 없이 해외 도피생활 중인 도망자다. 무직의 도망자치고는 씀씀이가 화려하다. 어느 날, 남자주인공이 여자주인공에게 돈을 요구한다. 여자주인공은 당당하게 배당금 나오면 주겠다고 화답한다. 배당금은 주식을 소유한 대가로 회사가 주주들에게 주는 돈이다. 주식 수에 따라 배당금을 받는다. 하지만 여주인공처럼 쓰려면 대주주는 돼야 한다. 즉, 여주인공의 정체는 막대한 자산을 물려받은 상속녀란 뜻이다.

현실에서도 드라마 같은 일이 일어난다. 나는 대학 시절 중국에서 인턴십을 했다. 아주 작은 신문사였다. 건물에는 한국 교민이 만든 회사들이 모여 있었다. 사무실 바로 옆에는 한국산 화장품을 중국 전역에 납품하는 노부부의 회사가 있었다. 한 번은 노부부와 식사를 하게됐다. 젊은 시절에 했던 막노동부터 지금까지 살아온 일대기를 풀어놓으셨다. 식사가 끝날 무렵 학생에게 질문하듯 이야기가 이어졌다. "무엇이 가장 중요한지 알겠는가?" 속은 더부룩하고 머리는 아파왔다. "내 몸은 항상 놀고 있지만, 이 순간에도 내 매장에서는 화장품이 팔려나가고 있어. 결국, 나는 항상 일하고 있는 걸세." 누구나 할 수만 있다면 당연히 그래야 한다. 돈이 돈을 버는 시스템을 만들어야 한다.

돈 버는 시스템을 만들기 위해서는 도전해야 한다. 자신의 사업에 도전하든, 투자에 도전하든 무엇인가는 선택해야 한다. 그중 투자가 사업보다 쉽고 안전하다. 하지만 우리는 투자를 무서워한다. 그래서 원금손실 없는 고수익상품을 찾는다. 그런 금융상품은 존재하지도 않는데 말이다.

그럼 투자는 누가 해야 할까? 원금손실을 봐도 문제가 없는 자산가들이 해야 할까? 생각과는 다르게 자산가들은 자산을 보수적으로 운용해도 된다. 그들은 통장에 평생 쓸 돈을 이미 가지고 있으니 위험을 감수하면서 투자할 필요가 없다. 그와 반대로 자산이 없으면, 공격적으로 투자해서 자산을 불려야 한다. 투자가 필요한 사람은 자산가가 아니라 일반인이다. 하지만 역설적이게도 자산가들이 더 공격적으로 투자한다.

저축과 투자의 갈림길

사회에 첫발을 내딛고 재테크를 시작할 때 우리는 갈림길에 선다. 연복리와 비과세, 소득공제……. 생전 처음 듣는 용어를 접한다. 상품 설명을 듣고 있으면 세상천지에 이렇게 좋은 상품이 있을까 싶다. 금융회사가 고객을 위해 퍼준다는 생각마저 든다. 어느새 계약서에 서명하고 있는 자신을 보게 된다. 하지만 상품 선택을 하기 전에 저축과 투자 가운데 어떤 상품인지 확인부터 해야 한다. 상품 성격에 따라 결과가 달라지기 때문이다. 저축상품은 안전한 대신 수익이 낮다. 반면, 투자상품은 위험한 대신 수익이 높다. 둘의 수익은 하늘과 땅만큼 차이가 난다. 결과가 어떻게 달라지는지 살펴보자.

저축왕 A와 투자왕 B는 친구 사이다. 그들은 하루를 벌어 하루를 살아간다. 결국, 가난이 싫어 고향을 떠나기로 했다. 둘의 목표는 매월 100만 원으로 4억 원을 만드는 것이다. 각각 4억 원을 만드는 날 다시 만나자고 약속했다.

저축왕 A는 매월 착실하게 저축만 했다. 금리는 1%지만 손해날 걱정이 없어 좋았다. 매월 쌓여가는 통장잔액을 보며 그는 희망을 키웠다. 저축을 시작한 지 15년이 되던 해에 투자왕 B에게서 전화가 걸려왔다. 격양된 목소리로 안부를 물었다. 저축왕 A는 몸 생각해주는 친구가 고마웠다. 세월은 또다시 흐르고 흘렀다. 드디어 저축왕 A는 목표했던 4억 원을 모았다. 저축을 시작하고 29년 만에 이룬 쾌거다. 알뜰하게 살아온 결과에 만족했다. 투자왕 B에게 전화를 걸자 반갑게 반겨준다. 그도 목표를 달성했다고 한다. 둘은 그렇게 29년 만에 만났다.

백발이 된 그들은 시간 가는 줄도 모르고 그동안의 인생 이야기에 빠졌다. 평온했던 저축왕 A와 달리 투자왕 B의 인생은 드라마틱했다. 그의 얼굴도 역경을 헤어나온 듯 많이 변해 있었다. 이제 통장을 개봉할 차례다. 서로의 통장을 바꿔봤다. 그런데 투자왕 B의 통장에는 약 20억 원이 찍혀 있었다.

복리 수익률 1%와 10%의 차이다. 처음에는 차이가 없지만 3년차부터 차이가 벌어진다. 투자로 굴린 자산이 저축으로 굴린 자산의 2배가 되기까지 14년이 걸린다. 1% 이자율 저축상품에 가입해 14년차에 약 2억 원을 모았다면, 똑같은 금액으로 10% 이자율 상품에 가입했을 때 약 4억을 모을 수 있다는 뜻이다. 그로부터 7년 뒤인 21년차에는 투자로 모인 자산이 저축으로 모인 자산의 3배가 된다. 5년 뒤 26년차에는 4배가 되고, 3년 뒤 29년차에는 5배가 된다. 뒤로 갈수록 자산이 배가 되는 데 걸리는 시간도 짧아진다. 나중에는 차이가 하늘과 땅만큼 벌어진다.

물의 끓는점인 100℃가 되면 조용하던 물이 부글부글 소리를 낸다. 끓는점에 도달하기까지 중요한 요소가 있다. '불'이라는 열에너지가 필요하다. 화력이 세면 셀수록 끓는점까지 걸리는 시간이 짧아진다. 자산도 끓는점이 있다. 자산이 어느 정도 모이면, 기하급수적으로 불어난다. 그때부터 돈이 돈을 벌어온다. 자산을 끓게 하는 촉매제가

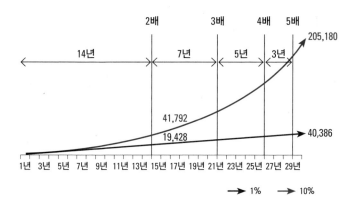

매월 백만 원의 이자율 1%와 10% 수익 비교

2배 3배 4배 5배

14년 7년 5년 3년

205,180

41,792

19,428

40,386

1년 3년 5년 7년 9년 11년 13년 15년 17년 19년 21년 23년 25년 27년 29년

1% 10%

*예시: 월복리, 비과세

바로 '수익률'이다. 수익률이 높으면 높을수록 끓는점에 도달하기까지의 시간은 더욱 짧아진다. 그래서 더욱더 매력적이다. 우리도 자산의 촉매제인 수익률을 높여야 한다.

03

그들은 어떻게
슈퍼리치가 되었는가

농업혁명의 시대

BC 7000~AD 1399

왕이 된 도적 떼 두목

최초 인류의 생활은 수렵과 채집이 주를 이루었다. 자연에서 사냥한 동물과 채집한 과일이 주 수입원이었다. 필요한 만큼만 사냥하고 채집하다 보니 잉여생산물이 없었고 개인 자산의 개념도 없었으며 욕심도 없었고 전쟁도 없었다. 자연에서 필요한 것을 그때그때 골라잡아도 충분했기 때문이었다.

기원전 7000년대에 도구를 이용하면서 농업혁명이 일어났다. 계급 없이 공동으로 가축을 사육하고 곡류를 재배하는 공산사회였다. 이 시대는 흉작이 들면 마을 사람의 10%가 죽거나 마을 전체가 사라졌다. 그러자 사람들은 흉작에 대비하여 곡식을 저장하기 시작했다. 곡식 창고는 자산의 개념을 만들었고 집단 규모도 키웠다. 식구가 늘어나니 다시 밥이 문제였다. 농사를 위해 더 넓은 땅이 필요해졌다. 도적 떼는 무력으로 주위 땅을 점령하여 노예를 만들었고, 다른 사람의 부를 약탈함으로써 부자가 됐다. 집단 규모는 더욱 커졌고 이들을 통솔할 방법이 필요해졌다. 도적 떼 우두머리는 왕, 측근은 귀족이 되어 사람들을 통솔하기 시작했다. 이렇게 부와 가난, 국가가 탄생했다.

기원전 3600년부터 체계가 잡힌 국가가 등장했다. 이집트를 시작으로 그리스와 단군왕검, 중국 하(夏), 로마가 등장했다. 이 시대는 왕이 권력을 휘둘렀고, 땅을 차지하기 위한 전쟁이 끊이지 않았다. 따라서 동양과 서양은 이렇다 할 교류 없이 자신만의 문화에 빠져 살았다. 이들 가운데 대표적인 국가가 로마였다.

로마는 다른 국가보다 정치와 철학, 법률 등에서 한발 앞섰다. 특히 기원전 450년대에 만들어진 성문법은 자유로운 자산 이전을 보장했다. 로마 사람들은 필요에 따라 신용대출도 받았고, 원시적인 보험도 가입했다. 하지만 왕의 권력 아래 귀족층과 평민층, 노예 등으로 신분이 구분됐다. 신분 상승의 희망이 없던 시대에도 돈의 흐름과 밀접한 삶을 살아가는 호모 이코노미쿠스(Homo Economicus)는 있었다. 살기 위해 몸부림치는 인간의 욕망처럼.

로마의 부를 차지한 사업가 크라수스

기원전에도 본능적으로 경제 원칙을 따랐던 호모 이코노미쿠스 중 한 사람이 마르쿠스 리치니우스 크라수스(Marcus Licinius Crassus,

기원전 115~53)였다. 크라수스는 엄청난 수의 노예를 거느린 대부업자였고, 생활용품을 만드는 공장의 주인이었다. 또 소방 사업이라는 아이템으로 당대 최고의 부를 끌어모은 사업가였다.

불이 나면 크라수스의 노예 소방대원 500명이 현장에 나타났다. 하지만 노예 소방대원들은 화재 진압에 관심이 없었다. 다른 소방대가 접근하지 못하도록 막으면서 주위를 어슬렁거릴 뿐이었다. 크라수스는 불길에 휩싸인 집을 바라보면서 건물주에게 헐값에 팔라고 제안했다. 옆 건물주에게도 집을 팔라고 제안했다. 건물주들이 크라수스에게 집을 헐값에 넘긴 후에야 비로소 화재 진압을 지시했다.

당시 로마는 나무 재질로 만든 집들이 닭장처럼 다닥다닥 붙어 있었다. 집에서 모닥불을 피우다가 불이 나면 옆 건물도 불길에 휩싸였다. 불이 번지면 골목 전체가 불탔기 때문에 협상은 쉽게 이뤄졌다. 크라수스는 이렇게 도시 한 구역 전체를 헐값에 사들이면서 영역을 넓혀갔다.

부를 차지한 크라수스는 권력을 원했다. 그가 소유한 수많은 주택 세입자들이 그를 도왔다. 그의 말에 따라 표심이 움직였다. 때문에 로마 공화국 정계에서도 막대한 부를 거머쥔 크라수스를 주목하기 시작했다. 나아가 정계 인사들을 지원하면서 권력에 한 발짝 더 다가섰다. 이후 로마 제국의 권력을 나누어 갖는 실세로 등극했다.

마흐무드와 칭기즈 칸

권력을 차지한 왕과 귀족은 신분을 더욱 공고히 만들었다. 사람들도 지배층과 피지배층, 노예로 살아가는 것을 당연하게 여기며 복종했다. 권력도 자식에게 대를 이으며 전해졌다. 어느새 사람들은 왕의 씨가 따로 있다고 믿으며 길들여졌다. 출세를 하려면 전쟁에서 공을 세우거나, 도적이 되어 새로운 국가를 건설하는 방법이 있었다. 새로운 국가가 나오면, 새로운 세력에 밀려 몰락하는 국가도 있었다. 로마도 사치와 내부 분열로 기원후 200년대에 몰락하기 시작했다. 한편, 마흐무드는 최고 절정기를 보냈다.

아프가니스탄의 마흐무드(Mahmud, 970~1030)는 아버지가 죽자 형제에게서 왕좌를 빼앗아 가즈나 왕조의 제7대 왕이 됐다. 그의 삶은 전쟁과 약탈, 잔인함으로 대변됐다. 마흐무드는 약 40년간 부유했던 인도를 17회 약탈하면서 패배한 적이 없었다. 주로 말을 이용해 신속하게 치고 빠지면서, 적을 거짓 정보로 함정에 빠트리는 기망전술을 썼다. 5만 명에 달하는 병력과 말, 코끼리와 함께 도시를 철저하게 뭉개버리기도 했다. 그가 지나간 자리에는 살인과 약탈의 흔적만이 남았다. 원정을 끝내고 돌아갈 때면, 코끼리도 쓰러질 만큼 거대한 보물이 뒤를 따랐다. 그래서 이슬람권 역사에서 술탄 칭호를 최초로 받은 위대한 통치자로 꼽혔다.

마흐무드는 약탈로 당대 최고의 부자가 됐다. 그는 재력을 과시하듯 황금과 보석으로 의자를 장식했다. 수백 명의 호위병도 황금 철퇴를 들고, 보석으로 장식한 허리띠를 착용할 만큼 재물이 넘쳐흘렀다. 그는 죽음의 문턱에서도 부의 욕망을 감추지 않았다. 말라리아에 걸려 죽어가면서도 자신이 약탈한 보석을 쌓아두라고 했다. 마지막 순간까지 지켜볼 수 있도록 말이다.

다른 왕들도 마흐무드처럼 약탈했다. 약탈은 부족한 식량 문제를 한방에 해결하고, 국가의 부를 쌓는 확실한 수단이었다. 하지만 약탈의 전리품은 불규칙했고, 안정적으로 부를 축적할 수도 없었다. 이때, 혁신적인 시스템을 도입한 인물이 등장했다. 그가 바로 칭기즈 칸이었다.

칭기즈 칸(Genghis Khan, 1162~1227)은 아홉 살이 되었을 때, 고귀한 혈통의 아버지가 원수 부족에게 독살당했다. 미망인이 된 어머니와 형제들은 부족에서 쫓겨났고, 혹한처럼 차가운 가난 속에서 성장했다.

혹독한 삶은 그를 독하게 키웠다. 그에겐 이복형제를 죽인 잔인함과 경쟁 관계에 있던 부족을 자신의 편으로 만든 현명함이 동시에 있었다. 또, 신분의 귀천을 떠나 차별하지 않았고 동료를 위할 줄 알았다. 그런 리더십에 이끌려 주위에 인재들이 모여들었다. 그의 뛰어난 언변술에 몽골 부족이 하나로 뭉쳤다.

몽골을 정복한 칭기즈 칸은 말 머리를 몽골 밖으로 돌렸다. 몽골은 여타 국가의 군대와 다른 점이 있었다. 병사 개개인이 무기를 만들어 사용했다. 비상식량으로 육포를 먹었고, 말 피를 조금씩 뽑아 마시며 자급자족할 수 있었다. 또 여러 말을 바꿔 타며 먼 거리를 이동했다.

말 위에서 활을 쏠 줄 아는 몽골 군대의 전략은 속도전이었다. 반면, 서양은 무거운 갑옷으로 무장하여 속도가 느렸다. 몽골 군대는 폭풍처럼 몰아 붙였다. 동양의 속도전에 서양은 와르르 무너졌다. 서양인은 칭기즈 칸을 약탈과 파괴, 살육만으로 묘사했다. 말 피를 마시며 말라버린 고기를 뜯는 몽골 군대에 서양은 더욱더 공포심을 느꼈다.

칭기즈 칸은 한반도 면적 약 23배의 땅을 차지한 땅부자가 됐다. 또, 여타 정복자와 다르게 정복한 국가에서 세금을 거둬들였다. 불규칙한 전리품에 의존하던 시대에서, 세금 징수라는 안정적인 소득원을 창출하는 시대로 진화한 것이다. 이후 국가의 부를 쌓는 새로운 수단도 등장했다. 바로 무역이었다.

역대 최고의 슈퍼리치, 만사 무사

만사 무사(Mansa Musa, 1280~1337)는 아프리카 말리왕국의 제9대 왕이었다. 그는 무역상에게서 약탈한 돈으로 키운 왕국을 물려받았다. 말리왕국은 사막과 정글로 둘러 싸여 있었고, 해안 수심도 얕아 접근하기에 어려움이 많았다. 한편 당시, 전 세계의 황금 70%와 소금 50%를 생산하는 자원부국이기도 했다. 땅을 파면 '돈'이 나오는 나라답게, 돈을 소비의 수단이 아닌 통치의 수단으로 사용했다.

한번은 만사 무사가 황금으로 장식된 옷을 입은 수행원들과 성지 순례 길에 올랐다. 황금을 실은 낙타 500여 마리도 뒤따랐다. 이집트

카이로에서 가난한 사람에게 황금 11톤을 퍼주고 다녔다. 카이로 금값이 12년간 하락할 만큼 어마어마한 양이었다.

또, 말리왕국의 수도인 팀북투는 문화와 교육, 과학이 고도로 발달했었다. 유네스코 세계문화유산으로 등재될 정도로 당대 최고 수준이었다. 아프리카와 유럽을 연결하는 중개역할도 했었다. 아프리카 상인과 유럽 상인이 거래하는 장소이기도 했다. 유럽 상인들은 그곳에서 무역을 배울 수 있었다.

만사 무사는 황금 채굴과 무역 중개수수료로 국가를 부강하게 키웠다. 그의 자산도 21세기 슈퍼리치인 빌 게이츠보다 약 5배가 많았다고 알려진다. 인류 역사상 자산규모로 그를 능가한 사람은 지금까지 단 한 명도 없었다.

농업 중심 사회는 8000년이 넘는 세월이 무색할 정도로 경제적인 변화를 이뤄내지 못했다. 대부분 사람들은 농업이 먹고 살기 위한 유일한 수단이라 생각했고 다른 경제적 활동에 대해 크게 생각하지도 않았다. 농사지을 땅만이 부를 쌓는 최고의 사업이라 여겼다. 하지만 일부 다르게 생각했던 사람들에 의해 시대는 바뀌어 왔다.

상업혁명의 시대

AD 1400~AD 1699

약탈자가 된 탐험가들

1400년대, 아시아 국가가 전 세계의 부와 패권을 장악했다. 아랍의 오스만제국과 인도의 무굴제국, 중국의 명나라가 육지를 장악했다. 특히 중국은 인류 역사상 최초로 화약을 무기에 사용했고, 당대 최고 규모의 해상무역을 주도했다. 약 2천 톤급의 엄청난 크기를 자랑하는 무역선이 한번 출항하면 무역선 300척이 동시에 움직였다. 이 규모는 100년 뒤에 나온 포르투갈 무역선보다 100배 이상 큰 규모였다.

반면, 유럽 국가들은 돈을 벌기 위해 부유한 아시아 국가와 중개무역을 하고 있었다. 인도 향신료를 유럽으로 수입해 높은 가격에 팔았다. 후추 한 줌이면 사파이어 반지 2개 또는 말 3마리와 교환할 수 있었다. 시간이 지날수록 무역에 뛰어드는 국가도 늘어났다. 아시아로 가는 빠른 항로를 찾기 위해 모험도 마다하지 않았다. 서양인은 이 시대를 자신들의 관점에서 미화해 대항해시대라 불렀다. 그중 콜럼버스도 있었다.

크리스토퍼 콜럼버스(Christopher Columbus, 1451~1506)는 이탈리아 제노바에서 태어났지만, 포르투갈 리스본에 나타날 때까지의 생활은 많이 알려지지 않았다. 단지, 스물여덟 살에 결혼하여 항해용 지도를 제작하며 살았다고 한다. 그러던 중 인도 향신료를 수입하기로 마음먹었다. 하지만 항해 자금이 없었다. 그는 자금 마련을 위해 벤처사업가처럼 투자설명회를 하고 다녔다. 포르투갈과 영국, 프랑스 정부에 투자를 제안했지만 번번이 거절당했다. 투자자가 나타나지 않자 투자설명회 방향을 허위와 과장으로 바꿨다. 황금의 나라(지팡구, 지금의 일본)와 전설의 보물이 있다고 광고했다. 우여곡절 끝에 에스파냐 이사벨 여왕이 벤처투자자가 되어주기로 했다.

콜럼버스와 스페인 왕가는 역사상 최고의 투자계약을 체결했다. 신세계를 발견하면 그 나라 총독과 제독의 자리를 주고 왕가에 돌아갈 금액의 절반 등을 콜럼버스가 차지한다는 계약이었다. 왕가는 처음부터 약속을 지킬 생각이 없었다. 즉, 콜럼버스와 왕가는 처음부터 서로를 속였다.

1492년 콜럼버스는 첫 번째 항해에서 히스파니올라를 식민지로 삼았고, 신세계의 부왕으로 임명됐다. 하지만 식민지 금 산출량이 보잘것없자 금 대신 원주민을 노예로 잡아 본국으로 보냈다. 이 노예사

낭에서 원주민 3분의 2를 학살했다. 그리고 시간이 흐를수록 점점 무능한 관리자가 됐다. 1504년, 그를 지원했던 이사벨 여왕이 죽자 그도 토사구팽 당했다.

새로운 금융 귀족, 야코프 푸거

1500년대 중반이 됐을 때, 유럽 국가들은 식민지 확장에 열을 올렸다. 특히, 대포와 선박이 발달하면서 포르투갈은 식민지를 넓혀나갔다. 항해 도중 만난 국가가 강해 보이면 무역을 했고, 아니면 총을 겨눴다. 일본은 비즈니스 파트너가 됐고, 인도는 식민지가 됐다. 식민지 약탈은 유럽을 호화스럽게 만들었다. 그야말로 돈과 음식이 넘치는 풍요로운 시대였다. 부유한 경제력은 화려함이 특징인 바로크 시대를 열었고, 자본주의의 싹을 틔웠다.

이 시대는 상인 세력도 기득권층이 자리 잡고 있었다. 부유한 상인의 3세와 4세들이 회사를 물려받았다. 가난한 상인의 손자들도 대를 이어 상인이 됐다. 이들 가운데 상업은행과 벤처캐피털, 기업연합 등을 가장 먼저 시작한 사람이 독일의 야코프 푸거였다.

야코프 푸거(Jacob Fugger, 1459~1525)는 새로운 부자 계층의 전형이었다. 끝없이 새로운 사업에 투자하여 당대 최고의 부를 쌓은 호모이코노미쿠스였다.

그는 아버지가 세상을 떠나자 열아홉 살 어린 나이에 두 형제와 함께 할아버지가 만든 아담한 회사를 꾸려나갔다. 면과 천을 파는 것이 그들의 사업이었다. 그들은 지중해 항구에서 목화를 받아 노새에 실어 티롤 산맥을 넘었다. 직조업자를 통해 목화를 상품으로 가공한 후 전 유럽에 팔았다. 벌어들인 돈으로는 새로운 사업에 투자했다. 금속과 비단, 보석 등 수요자가 있으면 무엇이든 팔았다. 그렇게 돈이 쌓이자 돈을 이용하기 시작했다. 돈도 빌려주고 광물산업에 벤처투자도 했다. 광물산업을 독점하기 위해 비밀리 광산 채굴권을 사들였다. 만약 사들이지 못하면 장기 계약을 맺거나 은화를 빌려주면서 어르고 달랬다. 사업을 위해서 뇌물도 끝없이 줬다. 권력을 가진 사람은 그의 뇌물 장부에 대부분 이름을 올렸다.

푸거 가문은 야코프 푸거가 세상을 떠난 1525년, 세계에서 손꼽히는 재정 세력이 돼 있었다. 자식이 없던 야코프 푸거의 대를 그의 조카 안톤 푸거(Anton Fugger)가 이었다. 안톤 푸거는 사업을 국제적 규모로 키웠다. 1550년 푸거 가문의 재산은 약 600만 황금 굴덴으로 불어났다. 당시 어떤 국가나 왕도 그만한 부를 소유하지 못했다. 지금도 푸거 가문 재단은 막대한 재산을 소유하고 있다.

드니 파팽을 차버린 프랑스

유럽은 시간이 지날수록 더욱더 자신감으로 차올랐다. 식민지의 부가 그들의 부로 바뀌기 때문이었다. 17세기 초반 유럽 국가들은 무역과 식민지가 돈이 되자 동인도회사(무역회사)를 세웠다. 네덜란드에서도 1602년 동인도회사가 설립됐다. 네덜란드는 주변국의 동인도회사와 다르게 역사상 최초로 개인 간 주식거래를 시작했고, 하층민에게 주식투자의 기회를 줬다. 해상무역이 활발해짐에 따라 위험에 대비한 보험업과 은행업도 발전했다. 영국은 은행에서 금을 보관하고 증서를 발급했다. 증서는 화폐처럼 거래에 사용할 수 있었다. 이것이 현대적인 은행 시스템의 시초였다.

반면, 먹구름 속에서 방황하는 국가도 있었다. 프랑스의 루이 14세는 폭군 정치를 펼쳤다. 그로 인해 역사상 최고의 기회를 놓쳐버렸다. 1665년대, 종교개혁을 앞세워 국민에게 폭력을 가하자 핍박받던 국민들이 해외로 도망쳤다. 견디다 못한 기술자들도 뒤를 따랐다. 그들 가운데 드니 파팽도 있었다.

드니 파팽(Denis Papin, 1647~1712)은 1679년 역사상 최초로 피스톤 증기엔진을 만든 물리학자였다. 프랑스를 떠나 영국에 도착한 이방인의 삶은 쉽지 않았다. 가난한 삶의 여행을 끝내고 나서야 그의 이름이 알려졌다.

드니 파팽의 증기기관은 토머스 뉴커먼(Thomas Newcomen, 1663~1729)에 의해 산업 현장에서 사용됐다. 그 증기기관이 뉴커먼 기관이다. 하지만 효율성이 낮아 잘 알려지지 않았다. 긴 세월이 흐르고 뉴커먼 기관에 효율성을 추가한 사람이 바로 제임스 와트(James Watt, 1736~1819)다. 제임스 와트도 드니 파팽의 원천지식 덕분에 증기기관을 완성할 수 있었다. 즉, 1차 산업혁명의 숨은 주인공은 드니 파팽이었다. 프랑스는 폭군 정치로 산업혁명의 기회를 날려버린 것이었다.

이 시대에 권력은 아직 왕에게 있었다. 하지만 왕이 독식했던 부는 상인에게 흘러갔다. 부를 차지한 상인은 새로운 귀족 가문으로 성장했고, 왕가와 거래할 만큼 권력도 손에 넣었다. 어느새 세상이 바뀌어 있었다.

기계혁명의 시대

AD 1700~AD 1799

프랑스를 웃고 울린 존 로

1700년대. 주머니에 돈 있는 유럽 귀족들 사이에서 중국 열풍이 불었다. 한류처럼 중국 문화에 열광했고, 집 인테리어도 중국풍으로 꾸몄다. 중국의 차는 유럽에서 생산할 수 없었다. 오로지 중국에서 수입해야 했다. 비단과 도자기도 귀한 대접을 받았다. 그 덕분에 식민지에서 들어온 부가 사치와 투기로 계속 빠져나갔다.

프랑스의 상황은 유럽의 다른 국가보다 심각했다. 폭군 정치를 펼쳤던 루이 14세가 죽으면서 부채만 남아버린 국가를 물려줬기 때문이다. 부채가 국가 1년 총수입의 약 10배가 넘는 상태에서 루이 15세가 왕위에 올랐다. 어린 루이 15세를 대신하여 필리프 공작이 통치했다. 이때 프랑스의 문제를 해결한 존 로가 나타났다. 존 로(John Law,

1671~1729)는 영국 스코틀랜드에서 태어나 사기꾼으로 생을 마감했는데, 그는 현대 중앙은행제도의 아버지로 불리기도 한다.

그는 은행가이자 금 세공업자 집안에서 태어나 은행업을 배웠다. 젊었을 때부터 도박과 유흥을 즐긴 멋진 난봉꾼으로도 알려졌다. 백작 부인을 두고 벌인 결투에서 사람을 죽여 살인죄로 사형선고도 받았었다. 하지만 감옥에서 탈출한 후 프랑스와 네덜란드를 전전하며 숨죽여 살았다. 그러던 어느 날 그는 프랑스에 지금까지 존재하지 않던 사업을 제안했다. 마침, 파산 직전에 몰렸던 프랑스가 제안을 받아들였다.

그 사업은 일종의 중앙은행이었다. 금속 화폐가 아닌 국가가 보장하는 종이 화폐를 도입하자고 제안한 것이다. 종이 화폐는 필요한 만큼 대량 인쇄가 가능할 뿐만 아니라 휴대가 편리하다고 설득했다. 프랑스는 화폐 공급량만 잘 조절하면, 국가 부채도 해결하고 경제도 영원히 번창하리라 믿었다. 결국 그의 계획이 단계적으로 진행됐다.

먼저 1716년 존 로의 일반은행이 설립되었고, 은행이 보관하고 있는 자산만큼 은행권을 발행했다. 프랑스 정부는 존 로의 은행이 발행한 은행권을 현재의 지폐처럼 법정화폐로 유통시켰다.

그 다음 1717년 존 로의 미시시피 회사가 설립됐다. 그는 자신의 회사에서 개발하는 광산에 금이 널렸다고 거짓말했다. 사람들이 미시시피 회사 주식을 사기 위해 몰려들었지만 존 로는 국채로만 주식을 살 수 있도록 했다. 그 덕분에 프랑스 국채가 빠른 속도로 줄었다.

존 로는 프랑스의 영웅이 됐다. 조폐국 국장과 재무총감에도 임명
됐다. 그의 일반은행은 왕립은행으로 승격되어 돈을 무한정 발행할
수 있게 됐다. 미시시피 회사 주가도 한없이 올랐다. 주식에 투자한
하녀와 청소부, 웨이터는 한방에 신흥 부자가 됐다. 백만장자라는 말
도 이때 나왔다. 도시 전체가 주식 거래소였을 만큼 열기가 뜨거웠다.

그런데 미시시피 회사 광산에 금은 얼마나 있었을까? 처음부터 거
짓말이었다. 미시시피는 사람도 없어서 도시 부랑자를 잡아다가 일을
시켜야 할 정도로 외딴곳이었다. 그들은 게을렀고 숲을 거닐며 시간
을 보내기에 바빴다. 당연히 채굴도 못했고 돈도 벌지 못했다. 결국,
미시시피 회사의 주가는 폭락했고 민중 폭동이 일어났다. 존 로는 또
다시 이민 길에 올랐다. 해외 도피에는 성공했지만 폐렴으로 쓸쓸한
죽음을 맞았다.

아크라이트, 영국의 영웅이 되다

1750년대에 프랑스는 난국을 해결하기 위해 식민지 확장에 나섰
다. 그리고 프랑스와 영국의 식민지 쟁탈전이 벌어졌다. 인도와 미국,
아프리카 쟁탈전에서 인도는 영국의 식민지가 됐다. 그리고 영국의 약
탈이 시작됐다. 인도에서 걷은 세금으로 인도 면직물을 샀다. 즉 면직
물을 약탈한 것이다. 게다가 면직물 모방까지 했다. 처음에는 단순한
기계를 이용해 면직물을 만들었다. 기계의 동력은 석탄이었다. 석탄을
채굴하면서 갱도가 깊어지자 배수 문제가 발생했다. 물을 빠르게 빼낼

기계가 필요했다. 이렇게 제임스 와트의 증기기관이 발명됐다.

당시 사람들은 기계가 이 세상을 송두리째 바꿔버릴 것이라 예상하지 못했다. 수많은 발명품 가운데 하나 정도로만 생각했다. 사실 증기기관만 보면 그다지 큰 발명은 아니었다. 아크라이트와 만나기 전까지는 그랬다. 리처드 아크라이트(Richard Arkwright, 1732~1792)는 면공업으로 영국을 먹여 살린 발명가이자 사업가였다. 〈선데이 타임즈〉가 선정한 영국 최고 갑부 180위에 오른 인물이기도 했다.

그는 가난한 집의 7형제 가운데 막내로 태어났다. 1740년에는 이발과 가발을 동시에 취급하는 복합매장을 열었다. 머리 자르는 손님이 없으면 가발을 만들어 팔았는데 수입이 짭짤했다. 어느 날 그는 방적기 개발에 빠져 있는 존 케이를 만났다. 방적기의 가능성을 직감하고 존 케이를 고용해 방적기 사업에 뛰어들었다. 그들은 하그리브스의 방적기와 제임스 와트의 증기기관을 연결했다. 그리고 1768년이돼서야 수력 방적기 개발에 성공했다.

수력 방적기 개발과 함께 제품생산이 기계화되면서 수공업 시대가 막을 내렸다. 저임금 비숙련자도 기계를 조작할 수 있게 되어 고임금 숙련자가 필요 없어졌다. 또 노동자 한 명이 다수의 기계를 동시에 관리했다. 양질의 제품을 낮은 가격에 빨리 만들 수 있었다. 아크라이트의 방적기 사업은 날로 번창하여 1782년경 공장 직원 수가 약 5,000명에 달했다.

그가 개인적으로 이룬 성공보다 더 훌륭한 업적이 있다. 그의 발명과 노력이 기폭제가 되어 다양한 발명이 계속 이어져 생산성도 꾸준히 향상됐다. 영국은 세계의 공장이 됐고, 세상의 돈을 끌어모으기 시작했다. 부의 빗방울이 국토를 적실수록 비옥한 강대국으로 성장했다. 1786년, 영국은 번영에 기여한 공로를 인정해 아크라이트에게 기사 작위를 내렸다.

한편, 영국이 산업혁명으로 들썩거릴 때, 다른 국가도 영국 때문에 들썩거렸다. 중국은 영국에서 판 아편 때문에 들썩거렸고, 미국은 영국의 식민지에서 독립해 들썩거렸다. 그리고 인도는 영국의 약탈 때문에 들썩거렸다. 이렇게 18세기가 막을 내렸다.

에너지혁명의 시대
AD 1800~AD 1899

중국의 눈물로 당대 최고 부자가 된 오병감

1800년대. 영국은 1차 산업혁명 이후 세상의 돈을 다 끌어와 돈이 발에 차였고, 콧대가 하늘을 찔렀다. 영국에 돈이 넘치자 세계 경제도 주도했다. 또, 자유무역을 하자며 금본위제를 도입했다. 자국의 통화와 금의 가치를 고정하자는 정책이었다. 금본위제를 도입한 국가는 환율이 고정됐다.

한편, 중국은 영국의 아편 때문에 나라가 망하기 직전이었다. 전국에 아편 소굴이 넘쳐났고, 아편에 중독된 관료도 있었다. 황제는 아편을 근절하기로 결심하고 광저우에 있는 영국 아편을 몰수했다. 아편을 버리는 데 23일이 걸릴 만큼 어마어마한 규모였다. 이 사건으로 1839년 1차 아편전쟁이 시작됐다. 영국 상선 2척과 청군 함대 29척의 전투였다. 영국 상선이 수적으로는 불리했지만 성능은 월등하게 앞섰다. 영국은 철로 만든 선체에 증기기관을 탑재했지만, 중국은 아직도 400년 전의 나무배였다. 청군 함대의 포는 영국 상선에 닿지도 못했다. 결과는 영국 상선의 승리였다. 영국 상선은 3년 동안 연승하며 베이징을 향해 북상했다. 1차 아편전쟁 승리 이후 네덜란드와 미국도 중국에 아편을 수출했다. 2차 아편전쟁에서 프랑스와 러시아가 합세해 톈진조약을 받아냈다. 이제 중국에서 아편이 합법화됐다.

중국이 아편 소굴로 전락하는 데 기여한 사람이 있다. 중국에 아편을 유통한 사람, 바로 오병감이었다. 오병감(伍秉鑒, 1769~1843)은 자선사업가인 동시에 무역으로 당대 최고 부자가 된 상인이었다. 〈월스트리트 저널〉에서 선정한 '1천 년(1001~2000년) 역사에서 가장 부자였던 50인'에도 선정됐다.

상인 집안에서 태어난 그는 아버지의 사업을 물려받아 상인이 됐다. 당시 상인은 농부보다 낮은 비천한 계층이었고, 특별한 지식과 능력이 필요하지 않은 직업이었다. 몰려드는 무역상에게 은화를 받고 비단과 차, 도자기만 주면 됐다. 누구나 상인이 될 수 있었지만, 폐쇄적인 국가였기 때문에 서양인과 거래는 불가능했다. 오직 상관(商館)만이 서양인과 거래할 수 있었다. 중국 상인 가운데 약 13명을 상관으로 선출했는데, 대형 공판장에서 회장과 반장, 총무 등을 뽑듯이 상인들이 돌아가며 맡았다. 상관이 되면 무역 독점권을 주지만 선뜻 나서는 이가 없었다. 상관은 다른 상관의 채무와 국가 차원의 공사비용,

흥작 때 기부 등을 부담해야 했기 때문이다. 또 갖가지 비용부담으로 파산하여 추방당하는 일이 흔했다. 상관은 파산으로 가는 황천길인 동시에 거상이 되는 꽃길이었다. 이런 상관들에게 마약은 거부할 수 없는 치명적인 수익을 안겨줬다. 그렇게 무역 독점권을 가진 약 13인의 상관을 통해 마약이 중국에 유통됐다. 중국 전역을 아편 소굴로 만들 만큼 어마어마한 양의 아편이 팔렸다. 그만큼 상관들의 자산도 빠르게 늘어났다. 특히, 오병감은 상관 가운데 거물로 성장했다.

그의 약점은 무능하게 보일 만큼 차분한 성격과 국가의 부에 버금갈 만큼 거대한 자산이었다. 정부가 그의 자산을 노리고 있었기에 정부가 요구하는 대로 따라야 했다. 전쟁에서 패하고 전쟁 배상금 3분의 1을 낸 사람도 오병감이었다.

오병감 상단의 숨겨진 뒷이야기가 있다. 19세기 미국은 대규모 투자에 대한 수요가 증가함에 따라 각종 개발과 발명, 발견이 잇따랐다. 뉴욕 증권거래소가 열렸고, 근대적인 모습의 투자은행과 유한회사, 파산법, 노동법이 만들어졌다. 미국 전역에 철도가 깔리면서 새로운 사업 기회도 생겼다. 이민자들도 몰려들었다.

오병감 밑에서 일하던 한 남자도 기회의 땅으로 떠오른 미국행을 결심했다. 오병감은 그동안 고생했다고 그에게 약 50만 멕시코 은원을 선물했다. 그는 퇴직금을 들고 미국에 도착한 후 철도산업에 투자했다. 투자는 대성공을 거뒀고, 미국 철도산업을 이끄는 인물이 됐다. 그는 〈포브스〉 잡지로 유명한 존 머레이 포브스(John Murray Forbes,

1813~1893)다. 그 당시 철도산업에 투자해 성공한 사람은 포브스만이 아니었다. 그보다 더 큰 성공을 거둔 밴더빌트라는 사람도 있었다.

밴더빌트, 시대 흐름을 읽은 남자

코넬리어스 밴더빌트(Cornelius Vanderbilt, 1794~1877)는 수요와 공급만 생각한 사업가였다. 인생을 건 베팅으로 미국의 슈퍼리치가 된 승부사였다.

그는 가난한 집에서 태어나 제대로 된 교육을 받지 못했다. 시대를 보는 통찰력과 승부사 기질만 있었다. 열여섯 살 나이에 첫 사업을 시작했다. 당시는 국가 간 무역이 활발했고, 더 활발해질 수도 있었다. 그래서 돛단배로 해운업에 뛰어들어 뉴욕과 아이슬란드를 오갔다. 예상은 적중했다. 열심히 일한 결과, 함대 100척을 소유한 대선주로 성장했다. 한편 1848년, 미국 캘리포니아에서 금광이 발견됐다. 영국과 하와이, 중국 등지에서 캘리포니아로 사람들이 몰려들었다. 밴더빌트는 기회를 놓치지 않았다. 경쟁사보다 싼 가격에 여객선을 제공했고, 고객은 그를 백만장자로 만들어줬다.

1861년, 그의 나이 67세 때 미국 남북전쟁이 일어났다. 승부사 기질이 또 나왔다. 그는 전함을 깔끔하게 팔아버리고 철도산업에 뛰어들었다. 군인만 실어 날라도 엄청난 돈을 벌 수 있는데, 무엇 때문이었을까? 당시 미국 최고의 운송수단은 철도였다. 철도회사는 많았지만, 철도는 턱없이 부족했다. 철도가 더 깔릴 수밖에 없었다. 그리고 전함은 전쟁 중일 때 가장 비싸게 팔 수 있었다.

밴더빌트가 철도산업에 투자하자 사람들은 비웃었다. 그들은 철도회사가 많은 탓에 시장이 포화상태라 믿었다. 밴더빌트는 아랑곳하지 않고 철도회사를 인수해나갔다. 정치인에게 뇌물도 거리낌 없이 줬다. 동부지역을 접수한 뒤 중부와 서부도 그의 사업영역에 들어왔다. 점차 그의 철도를 이용하지 않고는 살기가 힘들어졌다. 사람들은 그를 철도왕이라 불렀다.

그의 야심은 여기서 끝나지 않았다. 자신의 철도회사가 운송할 더 많은 화물을 원했다. 그의 눈에 들어온 화물은 석유였다. 경제 거물이 된 철도왕 밴더빌트는 이제 젊은 록펠러를 이용하려 했다.

철도왕을 굴복시킨 석유왕 록펠러

존 데이비슨 록펠러(John Davison Rockefeller, 1839~1937)는 신생 정유회사 대표였다. 1859년 미국 펜실베이니아에서 세계 최초 상업용 유전이 발견되자, 1863년 스물네 살 때 시장에 뛰어들었다. 지금으로 치자면 신생 벤처기업이었다.

록펠러는 마케팅에 능했다. 정유회사 이름을 스탠더드 오일, 업계 표준석유라고 붙여 차별화했다. 등잔을 주면서 석유를 팔았고, 사람들의 심리를 이용해 수익을 올렸다. 감성 마케팅으로 사람들을 유혹했다. 사람들이 빠져들수록 젊은 록펠러의 정유회사도 커져갔다.

철도왕 밴더빌트에게 록펠러는 상대하기 편한 새내기 사업가였다. 어느 날, 밴더빌트의 경쟁자인 토머스 스콧이 자신의 제자와 함께 록펠러를 찾아왔다. 스콧은 밴더빌트보다 더 좋은 조건에 석유를 수송하겠다고 제안했다. 록펠러는 밴더빌트와 스콧이 경쟁하도록 만들었고, 둘이 경쟁하는 동안 힘을 키워가며 정유회사들을 사들였다. 끝내는 미국 정유소 95%를 장악하면서 석유왕으로 등극했다.

여기서 반전이 일어났다. 밴더빌트와 스콧이 손잡고, 록펠러의 석유를 수송하지 않기로 했다. 철도산업과 정유산업의 전면전이 벌어진 것이다. 그러자 신세대 록펠러가 창의적인 아이디어를 냈다. 수도관처럼 송유관을 심어버리기로 한 것이다. 생각은 현실이 되어 석유가 송유관을 타고 목적지까지 흘러갔다. 이제 철도를 이용할 필요가 없어졌다.

철도회사의 최대 고객인 석유왕 록펠러가 떠나자 수익과 주가가 주저앉았다. 또, 철도회사의 약 30%가 파산하면서 대량실업으로 번졌다. 이러한 사태를 슬퍼하는 이가 있었으니, 바로 스콧의 제자 카네기였다.

2차 산업혁명의 주역, 철강왕 앤드류 카네기

앤드류 카네기(Andrew Carnegie, 1835~1919)는 스코틀랜드 출신 이민자로, 미국에게 전환점을 마련해준 호모 이코노미쿠스였다. 열여덟 살 때 철도회사에 취업해 토머스 스콧에게서 일을 배웠다. 스콧과 돌아다니는 동안 다양한 경험을 쌓아갔다. 철도산업에 투자해 사업자금도 마련했다. 그러던 어느 날 철강산업에 뛰어들기로 마음먹었다. 당시 미국은 전 국토가 개발 중이었다. 앞으로 더 많은 철도와 건물이 들어서면, 철의 수요도 더 늘어날 수밖에 없었다.

그는 1867년 서른두 살 때부터 제철소와 용광로, 강철공장을 차근차근 세워나갔다. 마지막으로 1892년 쉰일곱 살 때 투자자를 모집해 흩어져 있던 사업체를 하나로 묶어 사업확장에 성공했다. 이렇게 세계 최대 철강 트러스트, 카네기철강이 탄생했다. 이후 강철로 세계시장을 주름잡았다. 말년 때는 자산의 4분의 3을 사회에 환원하며 자선사업가로 변신했다.

카네기는 특이한 자산가였다. 어떤 이는 살인마라 불렀고, 어떤 이는 성공한 경영자라 불렀다. 위대한 혁신가라고도 불렀다. 영국 아크라이트처럼 카네기가 2차 산업혁명의 물꼬를 텄기 때문이었다.

카네기는 효율성과 생산성에 관심이 많았다. 불필요한 절차를 줄여 단순화하고 분업화하려고 노력했다. 어느 날, 카네기는 이론으로만 있던 프레드릭 테일러의 가르침을 접하고 그것을 현실화했다. 최단시간에 최대생산, 이것이 테일러주의의 경영관리 방식이었다. 노동자들은 그의 경영관리 기법을 반대했지만, 카네기를 따라 동참하는 회사가 점차 늘었다. 경영관리 기법에 자신만의 아이디어를 추가한 회사도 있었다.

그중 신시내티 도축장은 컨베이어 벨트 시스템을 도입했다. 마침, 석유와 전기가 발견되어 새로운 에너지로 사용되고 있었다. 효율성이 높아진 회사에 기름을 붓고 전기를 끌어오니 성과가 활활 타올랐다. 대량생산에 눈을 뜬 미국은 영국을 뒤쫓기 시작했다. 치타가 가젤을 쫓듯이.

자동화혁명의 시대

AD 1900~AD 1999

모방의 달인 헨리 포드

1901년. 한 시대를 풍미했던 철강왕 카네기도 어느새 노인이 됐다. 머리와 다리도 예전처럼 따라주지 않았다. 그는 남은 생을 즐기고자 은퇴를 결심했다. 이런 카네기에게 당시 거물급 은행 JP모건이 접근했다. 회사를 약 4억8천만 달러에 인수하겠다고 했다. 천문학적인 숫자에 놀란 카네기는 회사를 시원하게 팔아버렸다. 최초의 사모펀드인 PEF(사모투자펀드)의 시작이었다.

이후 카네기는 카네기협회와 교육진흥재단, 국제평화재단 등을 설립하며 자선사업가로 변신했다. 이때 카네기를 모방하는 이가 있었으니, 그의 이름은 헨리 포드였다.

헨리 포드(Henry Ford, 1863~1947)는 농부의 아들로 태어나 자동차 왕으로 죽은 나치 후원자였다. 최신 기술과 정보를 받아들여 새로운 시장개척에 성공했다. 다시 말해, 여러 지식을 모방해 하나로 묶어 새로운 가치를 창조했다.

당시 자동차는 지금의 요트처럼 누구나 가지고 싶어 하는 고급상품이었다. 포드는 자동차를 값싸게 팔고 싶었다. 1903년 자동차회사를 설립하면서 카네기가 먼저 선보였던 테일러주의를 도입했다. 신시내티 도축장의 컨베이어 벨트에서 힌트를 얻어 규격화와 분업화, 단순화를 추가했다.

자동차 1대를 만드는 데 약 12시간 걸렸던 조립시간은 약 1시간 30분으로 단축됐다. 근무시간도 9시간에서 8시간으로 단축됐다. 또, 가격은 약 2,000달러에서 약 255달러로 떨어졌다. 사람들은 저렴해진 가격에 환호했다. 그리고 회사로 돈이 밀려들어왔고 그 돈을 다시 노동자에게 나눠주었다. 최저임금이 약 2달러에서 5달러 수준으로 인상됐다. 사람들은 이런 혁신들을 포드주의라고 불렀다.

미국의 인생역전

한편, 미국을 제외한 다른 국가는 고수익의 사업을 찾고 있었다. 지속적인 수익을 창출할 수 있는 사업이 무엇일까? 그때까지는 마약이 100배 남는 사업이었다. 한 번 빠지면 쉽게 헤어날 수 없는 치명적인 수익을 안겨줬다. 이런 마약을 능가하는 유일한 사업이 있었으니, 인류 역사상 국가의 부를 결정한 최고의 사업, 바로 약탈이었다. 결론부터 말하면, 세계대전이 일어났고 미국이 패권국가로 자리매김했다. 미국이 과거 세계경제를 주도하게 된 것도, 오늘날 벤처강국이 된 것도, 탄탄한 미래도 이때 결정됐다.

당시 국가 간 분위기는 차가웠고, 식민지를 거느린 제국주의가 판쳤다. 그런데 영국의 잉글랜드 은행이 어음 할인율을 올리는 바람에, 독일 은행에서 대량인출 사태가 발생했다. 사람들이 독일 은행에서 예금을 찾아 돈을 더 많이 주는 영국 은행으로 갔기 때문이다. 영국과 독일 간 관계는 더욱더 싸늘해졌고, 어깨만 스쳐도 전쟁이 일어날 듯했다.

1914년 식민지 확장이라는 전쟁의 명분이 생겼다. 오스트리아 황태자 부부가 세르비아 청년에게 암살당했다. 오스트리아는 세르비아에 전쟁을 선언했다. 독일은 오스트리아 편을, 영국은 세르비아 편을 들었다. 다른 국가도 이때다 싶어 비행기와 탱크를 이끌고 합세해 세계대전으로 번졌다.

전쟁은 영국이 속한 연합국의 승리로 끝났지만, 유럽의 땅과 건물은 황폐해졌다. 1차 세계대전에 참여하지 않았던 미국에게는 절호의 기회가 찾아왔다. 하지만 미국 경제를 낙관하던 미국인이 주식시장에 거품을 만들었고, 주식 폭락과 함께 수많은 회사가 파산하면서 대공황이 찾아왔다. 대공황 극복 대책으로 국가가 주도하여 토목공사를 하자는 뉴딜정책이 나왔다. 예금자 보호와 주식시장 규제, 농업 신용 대출 등이 시행되면서 금융도 발전했다.

1939년. 전쟁에서 패한 독일은 전쟁배상금 때문에 미래가 없었다. 독일의 전 국토를 팔아도 마련할 수 없는 금액이었다. 이런 상황에서 히틀러는 2차 세계대전을 일으켰다. 일본과 이탈리아도 히틀러 편에 섰다. 미국은 이때도 조금씩 성장했다. 새로운 사모펀드인 헤지펀드가 등장했고, 60년 뒤 미국을 먹여 살릴 벤처캐피털도 등장했다. 또, 브레턴우즈 협정에서 금을 가장 많이 보유한 미국이 기축통화 국가로 결정됐다. 브레턴우즈 체제를 뒷받침할 국제통화기금 IMF도 설립됐다. 미국은 IMF의 출자지분을 늘렸고, 자금지원 거부권을 행사할 수 있는 유일한 국가가 됐다. 이때부터 국제통화와 IMF를 쥐락펴락하며 패권국가로 자리 잡기 시작했다. 1945년 일본에 원자폭탄이 터지면서 세계대전이 끝났고, 식민지 독립과 함께 국제관계도 변화하기 시작했다.

그런데 미국에 위기가 찾아왔다. 미국은 브레턴우즈 협정 당시, 보유한 금의 양만큼 달러를 만들겠다고 했었다. 하지만 비밀리에 달러를 더 만들고 있었다. 달러가 넘쳐나는 현상을 의심한 투자자들이 이를 눈치챘다. 유럽 국가는 달러를 금으로 바꾸기 시작했다. 미국의 금 보유량은 빠른 속도로 줄어들었다. 닉슨 대통령이 금 유출을 막기 위해 금 태환(화폐를 금으로 교환) 중지를 선언했다. 이후 달러의 위상은 떨어지기 시작했고, 고정환율에서 변동환율인 킹스턴 체제로 바뀌었다.

이번에는 미국에 기회가 찾아왔다. 1975년 사우디 왕조는 중동에

혁명의 기운이 돌자 위험을 직감했다. 이때 미국이 사우디 왕조를 찾아가 제안했다. "미국은 사우디 왕조의 안보를 보장하고, 사우디의 기름은 달러로만 살 수 있다." 키신저 밀약을 맺은 것이다. 이제 다른 국가는 기름을 사기 위해서 달러가 필요해졌다. 이렇게 달러는 국제통화 자리를 차지했다.

당시 미국의 위상은 플라자 합의만 보더라도 쉽게 알 수 있다. 1985년. 독일과 일본은 수출로 호황기를 맞고 있었다. 반면, 미국은 제조업이 무너져 무역수지 적자에 허덕였다. 적자에서 탈출하기 위해 호황기의 여러 국가를 불러 모아 무역수지 흑자국의 통화 가치를 인위적으로 올리는 플라자 합의를 맺었다. 무역수지 흑자국의 통화 가치는 반강제적으로 올라갔다. 모든 국가에서 일본산과 독일산 상품가격은 올라갔고 가격경쟁력은 떨어졌다. 따라서 일본은 수출이 힘들어졌고 내수시장만 활기차게 돌아갔다. 이 합의는 시간이 흐른 뒤 일본의 잃어버린 20년의 한 계기가 됐다.

이때 한 남자가 일본 엔화 투기로 수익을 올렸다. 그가 조지 소로스였다.

'쩐의 전쟁'을 부른 사모펀드, 조지 소로스

조지 소로스(George Soros, 1930~)는 헤지펀드의 살아 있는 전설이다. 투자 세계에서는 헤지펀드의 대부라고 부른다. 그가 영국과 '쩐의 전쟁'을 벌였는데, 돈도 무기가 될 수 있다는 것을 증명했기 때문이다.

그는 헝가리 부다페스트에서 태어난 유대인으로, 어린 나이에 나치에게 죽을 뻔했다. 스물여섯 살에는 5천 달러를 들고 월스트리트에 입성했다. 서른아홉 살 때 1만 달러로 자신의 헤지펀드를 만들었고, 쉰아홉 살이 됐을 때 1만 달러로 시작한 펀드는 2,100만 달러로 불어났다. 금융계에서 찾아보기 힘든 괴물 같은 행보를 보였다.

1992년, 그가 영국 파운드화를 공격했다. 당시 유럽 국가 간 환율은 고정환율보다 약한 준 고정환율이었다. 경기 상황과 상관없이 항상 비슷한 환율이었다. 유럽 국가 가운데 영국은 금리가 낮았고, 독일은 높았다. 이것을 이용해 공격했다. 예를 들면 다음과 같다.

첫 번째 목표, 국가 간의 금리 차이를 이용한다. 영국 은행에서 저금리 대출을 받아, 독일 마르크화로 환전한다. 독일 마르크화를 독일 은행에 가져가 고금리 예금에 가입한다. 독일 은행에서 고금리 예금 이자가 나오면, 영국 은행으로 저금리 대출이자를 송금한다. 이렇게 송금하고 남은 이자가 수익이다. 즉 독일 예금이자율이 10%라면 영국 대출이자율 4%를 빼고 6%의 수익이 남는다.

두 번째 목표, 국가 간의 환율 차이를 이용한다. 영국 은행에서 독일 마르크화로 환전을 계속하면, 영국은 독일 마르크화의 보유량이 점차 줄어든다. 영국 내의 독일 마르크화가 줄어들면, 독일 마르크화가 귀해지면서 가치가 오른다. 독일 마르크화의 가치가 오르면, 영국 파운드화로 환전할 때 더 많이 받을 수 있다. 그때, 독일 마르크화 예금을 찾아 영국으로 가지고 온다. 영국 은행에서 독일 마르크화를 영국 파운드화로 환전한다. 파운드화 환전이 끝나면, 처음 영국 은행에서 받은 저금리 대출원금을 상환한다. 상환하고 남은 금액이 수익이다. 하지만 문제가 있었다.

영국은 환율 차이가 크게 나지 않는 준 고정환율이었다. 영국의 준 고정환율을 박살내기 위해서는 영국 내 독일 마르크화를 모조리 빼와야 했다. 그래서 공포심을 조장해 개인의 투매를 유도했다. 영국 돈 40억 파운드를 한방에 던져버렸다. 놀란 개인들이 영국 파운드화를 버리고 독일 마르크화로 바꿔갔다. 영국은 공황상태가 됐고, 금리도 치솟았다. 결국, 패배를 인정하며 유럽 환율 시스템에서 탈퇴했다. 조지 소로스는 약 10억 달러의 수익을 챙겼다. 1조 원이 넘는 돈이다.

여기서 끝이 아니었다. 조지 소로스는 태국으로 향했다. 태국도 외화가 빠르게 빠져나왔다. 태국에서 시작된 위기는 홍콩과 대만 경제에 타격을 줬고, 경제가 탄탄했던 홍콩과 대만 역시 주저앉았다. 글로벌 투자자들은 주변 국가에서도 자금을 회수했다. 그렇게 위기가 도미노처럼 퍼져나갔다. 대한민국도 예외는 아니었다.

1997년 IMF 당시 대한민국은 외적 성장에만 치중한 탓에 내적 안정성이 부실한 상태였다. 친인척 연고주의와 정경유착, 비리가 선봉에 섰다. 그리고 은행의 무분별한 기업 대출과 단기 대외부채가 결정타를 날렸다. 글로벌 투자자들은 단기 대외부채의 연장을 거부했다. 달러가 빠른 속도로 줄어들면서 환율이 치솟았다. 기업은 대출 상환을 못 하고 끝내 부도났다. 기업 부도는 무분별하게 대출해준 은행의 도산으로 이어졌다. 경제는 한순간에 주저앉았고, 거리에는 실업자가 늘어났다.

아듀 1999, 하이 산업혁명

20세기 말, 세계화의 바람이 불면서 세계무역기구(WTO)가 탄생했다. 공산주의 국가도 문호를 개방하면서 자본주의로 돌아섰다. 국가 간 자본과 상품이 활발하게 이동했다. 이외에도 다양한 이슈가 터졌다.

첫째, 국가 간의 불균형이 심화됐다. 정책에 따라 경제가 살아나거나 휘청거렸다. 독일은 경제를 살리기 위해 국내 안정에 투자했다. 청년과 복지, 중소기업을 지원했다. 시간이 지나면서 튼튼한 중소기업이 늘어났다. 따라서 청년 일자리와 함께 소비도 늘어났다. 소비가 활성화되면서 경제도 안정적으로 성장했다.

반면, 멕시코는 경제를 키운다는 명목으로 소득분배보다 수출에만 의존했다. 석유 수출로 경제를 견인했다. 하지만 유가가 하락하자 경제가 직격탄을 맞았다. 수출품 종류를 늘리기로 했지만, 내수 시장은 더욱 위축됐다. 소득 양극화로 노동자 소득이 줄어들었기 때문이었다.

둘째, 약 65세였던 평균수명이 늘어나면서 고령화사회로 진입했다. 베이비붐 세대가 은퇴를 앞두고 있었다. 일본의 경우 미국과 맺은 플라자 합의로 수출에 제동이 걸려 있었다. 활발하게 돌아가던 내수 시장도 금리를 올리는 바람에 위축된 상황이었다. 또, 베이비붐 세대는 은퇴를 시작했다. 베이비붐 세대가 은퇴와 동시에 소비를 줄이고 부동산을 처분했다. 하지만 너무 많이 오른 부동산을 받쳐줄 젊은 세대가 없었다. 이렇게 일본의 잃어버린 20년이 시작됐다.

셋째, 군사용 기술이 상용화됐다. 정보기술과 컴퓨터가 빠른 속도로 발전했다. 세계대전 때 과학과 의학, 금융이 폭발적으로 성장했다. 20세기 후반에는 개인용 컴퓨터도 보급됐다. 그리고 통신과 컴퓨터가 세상을 획기적으로 변화시켰다. 둘의 기술이 접목되면서 제품생산이 자동화됐고, 새로운 기계들이 쉴 새 없이 제품을 찍어냈다. 회사는 거대한 기업이 됐고, 기업에서 일하는 기업 근로자가 늘어났다. 그리고 3차 산업혁명이 일어났다.

융합혁명의 시대

AD 2000~

창조의 스티브 잡스와 연마의 빌 게이츠

21세기가 시작됐지만 세계 곳곳에서 전쟁이 끊이질 않았다. 이스라엘과 이라크, 베네수엘라 등에서 난민이 속출했다. 사실 인류는 국가가 탄생한 이후 끊임없이 전쟁을 벌였다. 단 한 번도 조용한 시대가 없었다. 부를 차지하기 위한 기업 간 전쟁도 벌어졌다.

스티브 잡스(Steven Paul Jobs, 1955~2011)는 대학을 중퇴한 이후 컴퓨터 프로그래머로 활동하며 생계를 꾸려나갔다. 그러다 스물한 살 때 컴퓨터 회로기판 제조회사 애플을 창업했다. 반면 빌 게이츠(Bill Gates, 1955~)는 중산층 가정에서 태어나 열두 살에 처음 컴퓨터를 접했고, 스무 살 때 컴퓨터 프로그램 개발사인 마이크로소프트(이하 MS)를 창업했다.

당시 냉장고만큼 컸던 대형 컴퓨터가 소형 컴퓨터로 개발되어 개인용으로 보급되었는데, 그들도 개인용 컴퓨터와 프로그램을 만들어 팔았다. 먼저 애플에서 만든 애플 II가 유행하면서 스티브 잡스가 돈방석에 앉았다. 하지만 애플의 내부 분열로 쇠퇴하고 말았다. 애플이 쇠퇴하고 있을 때, 빌 게이츠가 떠올랐다. 빌 게이츠는 프로그램에 성능을 추가했고, 향상된 성능의 프로그램을 계속 출시했다. 점차 MS가 만든 프로그램이 시장을 잠식해 나갔다.

2001년, MS는 글로벌 대표기업으로 성장했다. 그의 회사처럼 그도 세계 최강 슈퍼리치가 됐다. 이때, 스티브 잡스의 애플이 MP3 플레이어와 스마트폰, 태블릿 PC를 선보였다. 추가로 애플 상품 간 정보 호환성을 높였다. 스마트폰에서 자료를 수정하면, 태블릿 PC와 컴퓨터에 저장된 자료도 자동으로 수정됐다. 뜨거운 시장 반응과 함께 매출이 급성장했다. 이에 질세라 MS도 새로운 성능의 프로그램을 선보였다. 두 회사는 해마다 새로운 기능을 추가하며 치열한 경쟁을 벌였다.

어느 날, 빌 게이츠와 스티브 잡스는 회사를 떠나게 됐다. 빌 게이츠는 2008년 은퇴 이후 자선사업가로 변신했고, 스티브 잡스는 2011년 암으로 세상을 떠났다. 그들은 자리에 없지만, 그들의 회사는 아직도 전쟁을 벌이고 있다.

약 90조 원의 빌 게이츠를 추격하는 베조스

스티브 잡스와 빌 게이츠가 남긴 것은 회사만이 아니었다. 컴퓨터를 통한 가상공간에서 펼칠 수 있는 새로운 기회를 만들었다. 컴퓨터 인터넷 검색 사이트 야후(1994)와 구글(1998)이 등장했고, 쇼핑 사이트 아마존(1994)과 알리바바(1999)가 등장했다. 메신저 페이스북(2004)도 등장했다.

스티브 잡스의 스마트폰이 성공하면서, 사람들은 스마트폰으로 자신의 일상을 아름답게 꾸며 올렸다. 스마트폰에 빠져들수록 모바일에서도 새로운 기회가 만들어졌다. 모바일을 이용한 사업이 속속 등장했다. SNS 메신저 왓츠앱(2009)과 인스타그램(2010), 스냅챗(2011)이 연이어 출시됐다.

또, 신종금융 크라우드 펀딩업체 크라우드큐브(2007)와 숙박 공유업체 에어비앤비(2008), 자동차 공유업체 우버(2009), 가상현실기기 오큘러스 리프트(2012)도 등장했다. 이들은 가상공간에서 막대한 부를 창출했다. 특히, 베조스는 세계 최강 슈퍼리치 빌 게이츠를 바짝 뒤쫓았다.

제프리 프레스턴 베조스(Jeffrey Preston Bezos, 1964~)는 홀어머니 밑에서 자랐다. 스물아홉 살 때 헤지펀드 회사에 취업해 밝은 미래가 펼쳐졌지만, 인터넷에 빠져 사표를 던졌다. 그렇게 인터넷 쇼핑몰 아마존이 탄생했다. 그의 전략은 박리다매였다. 경쟁자보다 무조건 저렴하게 팔았다. 그의 예상이 적중하면서 주문이 쇄도했다. 주문된 물량을 확보해야 했는데 자금이 부족할 정도였다. 그는 회사 여유 자금이 한계에 달하자 돌파구를 찾기 시작했다. 헤지펀드의 경험을 살려 벤처 투자자들에게 투자받기로 결심했다.

자금을 확보한 후 취급 상품을 책에서 음반과 영화, DVD 등으로 확장했다. 동시에 기업 인수로 회사 규모를 키워나갔고, 해외 물류센터를 세워 영향력도 넓혀나갔다. 또, 누구나 아마존에서 상품을 팔 수 있도록 했다. 경매 사이트도 만들어 서비스했다. 개인이 참여할 수 있는 콘텐츠가 늘자 매출도 덩달아 늘었다. 2006년에는 웹 서비스와 서버를 임대하는 분야까지 진출했다. 지금은 거래할 수 있는 모든 것을 팔고 있다.

인류 역사가 시작된 후 지금까지 수많은 슈퍼리치가 탄생했다. 그들은 남들이 생각하지 못하는 통찰력을 가졌고, 남들보다 한 발 먼저 앞서 행동하는 실행력이 있었다. 어느 시대에나 사람과 돈이 모이는 곳이 새롭게 만들어졌으며, 혁신적인 기술로 인류의 보편적 삶을 개선시켰다. 그리고 그 과정에서 새로운 부와 거대한 흐름이 만들어졌다. 당신은 지금 어디에서 기회를 찾겠는가? 약 80조 원의 자산을 가진 슈퍼리치가 된 아마존의 베조스는 앞으로의 성장 가능성을 4차 산업혁명에서 찾고 있다. 사물인터넷과 인공지능, 로봇이 스마트공장을 탄생시켰기 때문이다.

지금, 4차 산업혁명과 함께 부의 지도가 바뀌고 있다. 폭풍 속의 거대한 파도가 배를 삼키듯.

04

4차 산업혁명,
부의 지도가 바뀐다

부의 지도는
어떻게 바뀌는가

산업혁명이 부의 지도를 바꾸다

21세기의 화두는 4차 산업혁명이다. 미국과 독일, 중국, 일본 등 수많은 국가가 새로운 기술에 천문학적인 자금을 투자하고 있다. 땅 파서 장사하는 석유 왕국 사우디도 일본 소프트뱅크와 손잡고, 전 세계 IT기업에 100조 원대 투자를 계획했다. 각종 언론에서 4차 산업혁명 관련 기사를 쏟아내지만 정작 알아야 할 사람들은 무관심한 듯하다. 인생을 바꿀 기회인데도 말이다.

인류는 18세기의 1차 기계적 혁명과 19세기의 2차 에너지 혁명, 20세기의 3차 자동화 혁명을 겪었다. 산업혁명은 누군가에게 기회인 동시에 위기로 다가왔다. 기존 산업이 사라지고 새로운 산업이 탄생했다. 새로운 기술을 적극적으로 받아들인 사람들은 부를 차지했다.

반면, 변화를 거부한 사람들은 도태되면서 산업혁명이 부의 지도를 바꿨다. 산업혁명을 이해하고 준비한다면, 두려움은 설렘으로 바뀔 것이다.

4차 산업혁명은 3차 산업혁명의 컴퓨터와 정보기술을 기반으로 한다. 산업과 업종 간의 경계가 허물어지고, 기술이 융합되면서 새로운 기술을 탄생시킨다. 4차 산업혁명의 개념은 아직까지 명확하진 않다. 하지만 지금까지 변화를 봤을 때, 복잡한 기술이 단순한 형태로 통합되는 시대로 가는 기술의 진화라 할 수 있다.

새로운 기술은 사회 시스템과 생활방식도 바꿔버렸다. 스마트폰으로 쇼핑하는 것이 일상이 된 것처럼 장소에 구애받지 않고 원하는 것을 할 수 있다. 가상현실(VR)로 앉은 자리에서 여행지를 경험하고, 증강현실(AR)을 통해 인테리어 공사도 미리 확인할 수 있다. 또한, 공유경제의 활성화로 소유의 개념이 바뀌었고 새로운 비즈니스 모델이 등장했다.

산업혁명 구분

구분	18세기	19세기	20세기	21세기
	1차 산업혁명	2차 산업혁명	3차 산업혁명	4차 산업혁명
	기계 혁명	에너지 혁명	자동화 혁명	융합 혁명
요인	증기기관	석유/전기	컴퓨터/통신	기술/과학

변화는 기업에도 기회가 됐다. 미국 제너럴일렉트릭(GE)은 100년이 넘는 역사를 가진 기업으로 가전과 금융 분야에서 두각을 나타냈다. 하지만 경영진은 시대 흐름을 읽고 중대한 결심을 했다. 잘 나가던 가전 분야를 중국에 매각한 뒤 새로운 소프트웨어 분야에 진출했다. 항공기 엔진에 센서를 달았고, 수집된 데이터를 통해 엔진의 고장 여부를 미리 파악했다. 지금은 진화된 관리 서비스로 항공기 엔진 분야 세계 1위 기업이 됐다.

변화가 모두에게 좋은 것만은 아니다. 기존 비즈니스가 점차 쇠퇴하고, 시대에 뒤처져 몰락하는 기업도 나온다. 대표적인 예가 핀란드의 노키아다. 노키아는 1998년부터 13년 동안 휴대전화 시장점유율 세계 1위를 달리던 기업이었다. 핀란드 경제를 견인하면서 핀란드 국민기업이라고 불렸다. 하지만 스마트폰이 등장했음에도 변화에 적응하지 못했다. 시장 점유율 1위 자리를 내주더니 끝내 휴대전화 사업에서 철수했다.

기하급수적 기업에 투자하라

4차 산업혁명은 산술급수적 시대를 기하급수적 시대로 바꿔버렸다. 종전의 산술급수적 시대는 성장의 증가 폭이 일정했다. 시가총액 1조 원이 되기까지 20년이 걸렸고, 수많은 직원과 거대한 설비가 필요했다. 이런 기업을 '산술급수적 기업'이라 부른다. 쉽게 설명하자면 대기업이 주도하는 시대였다.

반면 기하급수적 시대에는 성장의 증가 폭이 2배로 커진다. 규모가 작은 기업들이 규모에 비해 큰 영향력을 행사한다. 직원 수가 적고 설비가 없어도, 1년 만에 시가총액 1조 원 기업으로 성장하기도 한다. 이렇게 급성장하는 기업을 '기하급수적 기업'이라 부른다. 그리고 회사 가치가 약 1조 원 이상인 기업을 '유니콘 기업'이라 부른다.

오늘날 산술급수적 기업과 기하급수적 기업이 맞붙고 있다. 21세기가 시작되고 대마불사로 여겨졌던 대기업들이 한순간에 무너져 내렸다. 반면, 자동차 한 대 없이 택시사업을 하는 '우버'와 숙박시설 없이 숙박업을 하는 '에어비앤비'는 3년도 되지 않아 1조 원 기업으로 성장했다. 기하급수적 기업이 산술급수적 기업을 몰아내고 있는 것이다.

기하급수적 기업을 만든 핵심은 무엇일까? 바로 기술융합이다. 나노기술과 빅데이터, 로봇공학, 3D 프린팅, 네트워크, 센서 등 첨단기술들이 융합을 통해 엄청난 파급력을 갖게 된 것이다. 이로 인해 대기업들이 독식했던 기술을 대중화시켰다. 개인이 가상공간에서 아이디어만으로 대기업을 압도할 수도 있다. 즉, 특별한 기술 없이 아이디어만으로 성장한 우버와 에어비앤비는 기하급수적 기업의 시작일 뿐이다.

기하급수적 기업이란 개념은 미국 싱귤래리티 대학에서 쓰기 시작했다. 그리고 실리콘밸리의 미래학자들이 우상으로 여기는 피터 디아만디스가 언급하면서 주목받았다. 과거 세상을 바꾸는 주체가 왕과 기업이었다면, 이제 개개인이 변화의 주체라는 그의 주장이 현실이 되고 있다.

미래는 기하급수적 기업이 부를 차지한다. 생산이 자동화된 기업은 더욱 그렇다. 생산수단을 보유하지 못한 우리는 어떻게 돈을 벌어야 할까? 지금이라도 IT 기술을 배워 창업해야 할까? 쉬운 방법이 있다. 기하급수적 기업의 주인이 되는 것이다. 기업의 주인은 창업주가 아닌 주식을 소유한 주주들이다. 그리고 회사의 부는 주주들에게 돌아간다. 주주 배당금으로 생활하는 시대가 오고 있다. 향후 기하급수적 기업이 될 회사의 주주가 되어야 한다. 소프트뱅크 손정의 회장처럼 말이다.

공유경제의
플랫폼 비즈니스

공유경제가 몰고 온 변화

공유경제란 용어는 2008년 미국 서브프라임 금융위기가 터졌을 때 나왔다. 당시 사람들은 하루아침에 일자리와 집을 잃고 거리로 내몰렸다. 그러자 가난한 사람들을 위해 필요 없는 물건을 나눠주고 빌려주기 시작했다. 나눔은 사회운동으로 확산됐다. 미국 하버드대 로렌스 레식 교수는 이런 현상을 '공유경제'라고 불렀다.

공유와 공유경제는 어떤 차이가 있을까? 공유는 국가가 탄생하기 전부터 존재했다. 인간은 공기와 물, 산을 공유했다. 이후 국가 공공시설물을 함께 사용했다. 삶의 질이 높아지면서 개인 자산도 타인에게 개방했다. 지식과 노하우를 공유하고 음식과 옷을 나눠줬다. 여기에는 큰 공통점이 있다. 모두 무료다.

반면, 공유경제는 의미가 조금 다르다. 무료와 유료를 모두 포함한다. 타인의 자산을 임대하거나 중개하는 것도 공유경제라 한다. '우버'가 대표적이다. 자동차가 필요한 소비자와 자동차를 소유한 사람을 연결해주고 수수료를 받는다. 다시 말해 우버는 중개업자다. 따라서 부동산 공인중개사무소와 인력 대기소도 공유경제에 들어간다. 즉, 기존 자산을 타인이 사용하여 경제가 돌아간다면, 모두 공유경제가 된다.

공유경제가 확산되면서 큰 변화가 일어났다. 그에 맞는 새로운 시스템도 필요해졌다. 그 이유를 살펴보자.

첫째, 소유 개념이 바뀌었다. 빌릴 수 있다면 더는 소유하지 않는다. 옷, 가구, 자동차, 카메라, 스마트폰, 노트북, 기계, 노동력, 지식, 집, 사무실 등을 언제든지 필요에 따라 빌릴 수 있다.

둘째, 국가 통계에도 영향을 준다. 제품 생산이 줄어들면 국내총생산(GDP)은 낮아지지만, 삶의 질은 더 높아진다. 기존 통계로 설명할 수 없는 부분이다. 공유경제에 맞는 새로운 통계가 필요해졌다.

셋째, 제조업의 위기가 시작됐다. 사람들이 임대와 대여를 많이 할수록 제품이 팔리지 않는다. 따라서 수익성도 떨어진다. 기존의 대기업이 쇠퇴하고 새로운 플랫폼 기업이 대기업의 자리를 차지한다.

공유경제에서 살아남아 두각을 보인 기업에는 특징이 있다. 플랫폼 비즈니스를 한다는 사실이다. 점차 새로운 비즈니스가 시장을 장악하고 있다. "제품이 아니라 플랫폼을 만들어라." 사업가라면 이미 들어봤을 것이다.

플랫폼이 글로벌기업을 탄생시킨다

그렇다면 플랫폼이란 무엇일까? 원래 플랫폼은 사람들이 이동하기 위해 머무는 정거장을 의미한다. 우리는 정거장에서 머무는 동안 친구들과 시간을 보내면서 구경도 하고 쇼핑도 한다. 이와 같은 플랫폼의 형태가 비즈니스에 적용된 것이다. 제품 판매자와 구매자에게 공간을 제공하는 것이 바로 플랫폼 비즈니스다.

우리는 이미 플랫폼 비즈니스를 이용하고 있다. 백화점이라는 공간에서 모임과 식사, 영화관람, 쇼핑을 즐긴다. 아웃렛과 대형마트, 전자상가 등도 모두 플랫폼을 갖고 있다. 플랫폼에 머무는 시간이 길면 길수록 더 많은 수익을 창출시킨다.

플랫폼 비즈니스는 시간이 흐르면서 인터넷이라는 가상공간으로 이동했다. 제품을 가상공간에서 사고 실물로 받는 전자상거래가 시작된 것이다. 전자상거래를 가상경제와 실물경제를 연결했다고 해서 O2O(Online to Offline)라 한다. O2O는 스마트폰 모바일이 불을 붙였다. 이제 사람들은 원하는 순간 언제든 모바일에 접속하여 정보를 검색한다. 그렇게 우리는 백화점에 가지 않고 온라인쇼핑몰 플랫폼을 돌아다닌다. 가격과 성능을 비교하고 스스로 판단한다. 이제 공급자 중심에서 소비자 중심으로 비즈니스의 축이 이동한 것이다.

새로운 비즈니스 모델은 모든 분야에서 활용됐다. 네이버는 사람들이 소통할 공간과 콘텐츠를 연결했다. 영화와 만화, 쇼핑, 뉴스 등의 다양한 콘텐츠 사업자들이 플랫폼에 참여했다. 각각의 개인은 사이트에서 정보를 공유했다. 나아가 카페를 개설해 친목을 도모했다. 시간이 흐를수록 공유한 정보가 쌓이면서 거대한 기업으로 성장했다.

플랫폼 비즈니스의 장점은 소비자와 판매자를 연결한 단순한 구조라는 점이다. 또한, 창업비용이 저렴하고 회사 규모가 작아도 대기업으로 성장할 수 있다. 배달의 민족, 카닥, 직방, YAP 등의 수많은 기업이 아이디어에서 시작됐다. 이들도 소비자와 판매자를 중개한 플랫폼 사업자다. 자사의 상품도 없이 아이디어만으로 자산가가 됐다. 가장 큰 장점은 온라인을 통해 글로벌 시장에 진출할 수 있다는 점이다. 우버도 그렇게 글로벌기업이 된 것이다.

플랫폼은 시간이 흐를수록 점차 발전했다. 소비자의 환심을 사기 위해 첨단 기술이 도입됐다. 비콘과 와이파이, GPS가 소비자의 위치를 파악했다. 그리고 소비자와 거리가 가까운 상점의 할인쿠폰을 발송했다. 사람들은 잘 만들어진 플랫폼에 열광하며 충성고객이 됐다.

하지만 플랫폼이 성공을 보장하지는 않는다. 삼성과 애플, 샤오미는 스마트폰의 대표적인 기업이다. 일명 '앱 스토어'라는 자사의 플랫폼을 각각 가지고 있다. 이들 플랫폼에는 차이점이 있다. 애플과 샤오미의 앱 스토어는 사용자가 많다. 반면, 삼성의 앱 스토어는 그 존재를 아는 사람이 드물다.

플랫폼은 수요자를 모으기까지 오랜 기간이 필요하다. 또 조금 방심하면 그동안 쌓아 올린 공든 탑이 무너져 내린다. 잘 나가는 플랫폼도 한순간 절벽 아래로 추락한다. 새로운 경쟁자가 나와서, 법이 바뀌어서, 고객정보가 유출돼서, 서비스의 질이 낮아서……. 플랫폼을 가진 기업은 항상 긴장해야 한다. 과연 어떤 플랫폼이 살아남을까?

첫째, 양질의 콘텐츠가 필요하다. 어디에나 있는 콘텐츠로 수요자를 붙잡아 둘 수는 없다. 다른 플랫폼보다 뒤처진 내용과 사용자 환경은 두말할 것도 없다. 유행이 지난 빤한 콘텐츠보다 수요자가 요구하는 콘텐츠를 새롭게 준비해야 한다.

둘째, 중개 수수료만으로 사업을 키우기는 힘들다. 따라서 다양한 수익모델이 있어야 한다. 우선 광고를 적극적으로 활용해야 한다. 네이버와 구글도 대부분 광고에서 수익을 챙긴다. 이외에도 사용방법을 알려주는 '코칭', 좋은 상품을 골라주는 '큐레이션' 등을 도입할 수도 있다. 자사의 상품과 서비스를 판매하는 것과 더불어 수익을 다변화해야 한다.

셋째, 횡포가 없는 동등한 수익 배분을 해야 한다. 플랫폼은 시장참여자가 판매자인 동시에 소비자가 되는 공간이다. 그 공간은 이동이 자유로운 인터넷의 가상공간이다. 가상공간에서는 언제든 다른 플랫폼으로 옮길 수 있다. 결국, 불합리한 대우가 판매자와 소비자를 동시에 잃게 만든다.

플랫폼은 강력한 힘을 가진 새로운 비즈니스 모델이다. 제조분야를 시작으로 유통과 금융, 부동산, 서비스 등 분야도 다양하게 확장하고 있다. 이들 가운데 글로벌기업이 탄생하고 있다.

첨단기술이 바꾸는
세상에 대비하라

사라지는 일자리만큼 생기는 투자 기회

일자리가 사라지고 있다. 일자리 가운데 세금 계산과 제품 생산, 기사 작성이 가장 위험하다고 한다. 그런 기사를 볼 때면 앞날이 깜깜하다. 왜 일자리가 사라질까? 무엇보다 기술이 융합되면서 새로운 결과를 만들었기 때문이다. 인공지능(AI), 사물인터넷(IoT), 정보통신기술(ICT), 가상 물리시스템(CPS). 이 기술들이 융합되면서 엄청난 파급력을 발휘하고 있다. 공장을 예로 들어보자.

대부분 공장은 컴퓨터에서 가상 물리시스템으로 기계를 조작한다. 그리고 미리 입력한 순서대로 기계들이 제품을 대량생산한다. 하지만 계획에 없던 일이 생기면, 기계가 멈춰버린다. 그래서 사람이 꼭 필요했다.

반면, 새로운 기술융합은 사람의 손길이 필요 없어지게 만들었다. 공장이 더욱 똑똑해졌기 때문이다. 가격과 불량률은 낮아지고 품질은 올라간다. 게다가 예전보다 더 많은 제품을 생산한다. 이렇게 공장을 바꿔버린 기술은 다음과 같다.

첫째, 대표적인 기술인 인공지능(AI)이다. 최근 대중의 관심을 한 몸에 받는 분야다. 계획에 없던 일이 생겨도 컴퓨터가 혼자서 척척 해내고, 24시간 쉼 없이 계산한다. 노조도 없고 야근수당도 없다. 정말 계산만 하는 기계다.

둘째, 사물인터넷(IoT)이다. 기본 역할은 정보수집이다. 주변 상황과 보이는 모든 정보를 수집한다. 종류가 다른 기계들도 모두 정보 수집을 하고 있다. 그리고 각각의 기계는 서로 다른 기계와 대화하기 위해서 통역기처럼 센서를 창작하고 있다.

셋째, 정보통신기술(ICT)은 사람의 말처럼 정보를 전달한다. A 선풍기가 B 자동차에게 정보를 발송하겠다고 하면, 정보통신기술을 통해 B 자동차에게 정보를 전달해준다. 이때, 정보통신기술의 능력이 중요하다. 기술의 차이로 인해 정보가 소실될 수도 있고, 전달 거리가 짧아 전달하지 못할 수도 있다. 가능한 한 사물들에게 많은 양의 정보를 빠르게 전달해야 한다.

넷째, 가상 물리시스템(CPS)이 광범위한 영역에서 사물을 조정한다. 예를 들어 상품 주문과 함께 모든 기계에 명령한다. "탕수육 1, 팔보채 1, 양장피 1, 짬뽕에 고추 추가해서 2" 그리고 진행상황을 실시간

회사 시스템과 스마트 공장

회사 시스템	스마트 공장	목적
본사	가상 물리시스템 (CPS)	명령 통제
인터넷	정보통신기술 (ICT)	정보 전달
컴퓨터	사물인터넷 (IoT)	정보 수집
직원	인공지능 (AI)	정보 처리

으로 감시한다.

쉽게 설명하자면 회사 시스템과 같다. 본사(가상 물리시스템)에서 이달 목표를 발표한다. 이달 목표가 인터넷(정보통신기술)을 타고 지점 컴퓨터(사물인터넷)에 전달된다. 각각의 직원(인공지능)은 목표를 확인한 후 알아서 움직인다. 그리고 본사에서 실시간으로 생산성을 측정한다. 이렇게 모든 사물이 연결된 초연결사회의 축소판이 바로 스마트 공장이다.

독일의 주방가구업체 '노빌리아'도 스마트 공장을 도입했다. 그들은 공장 시스템을 대량생산에서 고객 맞춤 생산으로 바꿨다. 고객이 디자인부터 손잡이 위치까지 결정한다. 고객이 주문한 정보가 담긴 바코드의 지시에 따라 모든 공정이 오류 없이 알아서 움직인다. 또한, 고객 요구에 맞춰 더 많은 제품을 생산한다. 그 결과 노빌리아는 시장 점유율 1위 기업이 됐다.

빅데이터와 인공지능의 탄생

지금까지 생성된 데이터를 모두 합친 양만큼의 데이터가 해마다 생성되고 있다. 그리고 방대한 정보에서 새로운 가치가 창출되고 있다. 초창기에는 고객 관리를 목적으로 금융과 소매, 제조 분야에서 주로 이러한 데이터를 활용했다. 이후 고객 성향에 따른 상품 추천으로 발전했다. 지금은 빅데이터 분석을 통해 유행할 질병과 대선 결과를 예측하고, 회사의 방향을 결정한다. 또한 빅데이터 분석은 스마트 공장의 핵심인 인공지능을 탄생시켰다.

인공지능은 빅데이터를 처리하는 프로그램이다. 일반 프로그램과 달리 스스로 결과를 도출한다. 데이터를 분석하고 종류별로 구분한 다음 확률로 결과를 도출하는 원리를 따른다. 예를 들면 '1+1=2'와 '1+1=3' 가운데 많은 사람들이 선택한 답을 정답으로 인식한다. 이때 만약 틀린 데이터가 더 많다면, 틀린 답을 정답으로 인식한다. 그래서 아이에게 좋은 음식을 먹이듯 양질의 정보를 제공해야 한다.

한편 인공지능은 '머신러닝'으로 똑똑해졌다. 머신러닝은 기계학습 방법들의 통칭이다. 데이터마이닝, 딥러닝, 짐고, 셀던, 프리딕션 IQ, 에어로솔브, 피노, 필사 등의 다양한 프로그램이 있다. 모두 빅데이터에서 일정한 패턴을 찾아 결과를 도출하며 반복적인 학습으로 확률을 높이는 방식이다. 많이 알려진 머신러닝에는 데이터마이닝과 딥러닝이 있다.

'데이터마이닝'은 3종류로 세분화된다. 개발자가 정보를 직접 입력하고 구분하는 감독 학습, 프로그램 스스로 대량의 자료를 일정한 특성별로 구분하는 비감독 학습, 학습을 통해 얻은 결과를 개발자가 다시 구분하는 강화 학습이 있다.

'딥러닝'은 기존 기술보다 발전된 기술이다. 기존에는 사물을 인식할 때 고양이 귀가 한쪽이라도 없으면 구분할 수 없었다. 반면, 딥러닝은 고양이 귀가 없어도 구분할 수 있다. 우리가 강아지 얼굴 반쪽만 봐도 인식하듯, 딥러닝도 강아지 얼굴 반쪽만 보고 인식할 수 있게 발전한 것이다. 예상 밖의 상황까지도 구분할 수 있다.

인공지능은 인식 수준에 따라 약한 인공지능과 강한 인공지능으로 구분한다. 약한 인공지능은 개미의 인식 수준으로 기초적인 사고를 한다. 달달한 사탕을 따라서 생각 없이 물속으로 뛰어들기도 한다. 강한 인공지능은 영화 터미네이터의 로봇처럼 복합적인 사고를 한다. 현재 인공지능 수준은 약한 인공지능의 초기에 해당한다. 강한 인공지능이 되기 위해서는 사물을 인식하는 '센서'와 정보를 전달하는 '정보통신', 정보를 저장하는 '클라우드 컴퓨팅'이 더 발전해야 한다. 특히, 해킹 공격에 대비한 '보안 기술'은 필수 항목이다.

빅데이터에서 시작된 인공지능은 산업 전반에 큰 변화를 가져왔다. 두 팔을 사용하는 듀얼암 로봇을 시작으로 투자분야의 로보어드바이저와 자동차 자율주행, 무인 항공기, 음성인식, 개인비서 등을 탄생시켰다. 앞으로 의사결정에 더 중요한 역할을 담당할 것이다. 그리고 수많은 직업을 변화시킬 것이다.

나노기술과 3D 프린팅

인공지능의 정보처리 속도는 나노기술과 관련이 있다. 나노라는 말은 난쟁이란 뜻의 고대 그리스어 '나노스(Nanos)'에서 유래했다. 나노기술은 나노미터 크기의 새로운 물질을 만드는 기술이다. 1나노미터는 1미터를 10억 분의 1로 축소한 아주 작은 단위를 말한다.

나노기술은 메모리 반도체 크기를 작게 만들어 더 많은 정보를 저장할 수 있도록 했다. 과거 슈퍼컴퓨터가 했던 연산을 지금은 스마트폰도 할 수 있게 됐다. 또한, 물질의 크기가 작아지면 성질이 변하는 특성을 이용해 새로운 물질을 만들어냈다. 지금까지 없던 새로운 물질은 첨단소재라 불리면서 산업 전반에 활용됐다. 휘어지는 모니터, 색이 변하는 나노 페인트, 가벼운 자동차, 얼음에 미끄러지지 않는 운동화, 리튬이온 배터리보다 100배 더 빠르게 충전되는 배터리처럼 상상하지 못한 제품들이 나왔다.

특히, 3D 프린팅 기술은 새로운 소재와 만나면서 21세기에 매우 중요한 기술 가운데 하나로 떠올랐다. 1988년 미국 3D시스템즈에서 처음 선보인 3D 프린팅은 무에서 유를 창조하는 연금술이라 불리는 기술이다. 제품을 만드는 방식에 따라 2가지로 구분한다. 조금씩 붙이는 첨가형과 큰 덩어리를 깎아가는 절삭형이 있다. 기존 금형은 일정한 틀에 재료를 넣고 기계를 압축해 제품을 만들었기 때문에 복잡한 형태는 불가능했다. 하지만 첨가형 3D 프린팅 기술은 아무리 복잡한 구조도 만들 수 있다.

초창기 3D 프린팅은 시제품 개발을 위해 사용됐다. 기술이 대중화되기 전에는 시제품을 1년에 2번 정도 만들 수 있었다. 시간이 흐른 뒤 기계 가격이 저렴해지고 대중화되면서 이제 2주면 시제품을 받아볼 수 있다. 또한 소재가 다양해지자 여러 분야에서 활용됐다. 개개인을 위한 특화된 프리미엄 상품, 새로운 소재의 옷, 복잡한 형태의 가구, 인공장기 등 기존에 없던 새로운 제품이 생산됐다. 개인들도 자신의 아이디어를 집에서 제품으로 만들었다. 실제로 몸이 불편한 자녀를 위해 값비싼 인공 의수를 직접 만든 부모도 있다. 개인이 대기업에 도전하는 시대가 된 것이다.

이처럼 첨단 IT 기술들이 세상을 바꾸고 있다. 1년이 멀다 하고 새로운 기술이 등장한다. 지금 우리의 경쟁상대는 누구일까? 회사 동료가 아니라 집에서 놀고 있는 어린 조카들이다. 이들은 태어나자마자 첨단 IT 기기를 가지고 논다. 스마트폰으로 게임을 하고 정보 검색과 숙제를 한다. 앞으로 이런 모바일 세대와 경쟁해야 한다. 경쟁에서 밀리지 않기 위해서는 IT를 이용해야 한다. 앞으로 더 많은 사람들이 IT를 이용할 것이다. 그만큼 첨단 IT기업의 수익성도 올라간다는 뜻이다. 첨단 IT 기술이 있는 기업에 투자해야 한다.

고령화시대의
바이오산업에 주목하라

합성 의약품과 바이오 의약품

얼마 전 제약회사 주식을 산 친구가 앞으로 전망이 어떠냐고 물어왔다. 왜 투자했는지 물어봤더니 요즘 제약회사가 잘 나가는 것 같기에 주식차트가 예쁜 회사를 골라 투자했단다. 다른 바이오기업에 투자하라고 알려줬지만 반응이 시큰둥했다. 그는 얼마 지나지 않아 연봉의 10%를 주식시장에서 날려버렸다.

제약 분야는 투자자들이 포트폴리오에 꼭 포함하는 분야다. 전문 분야라서 쉽게 접근할 수도 없다. 하지만 일단 투자하고 보는 사람들이 많다. 그렇게 시작한 투자가 손실로 돌아오곤 한다.

바이오기업은 어떤 회사를 뜻할까? 바이오란 자연 상태에서 극소량만 존재하는 미생물과 물질을 활용한 분야의 통칭이다. 기술발전으로 소량의 미생물과 물질을 대량생산할 수 있게 되었고 다양한 분야와 융합됐다. 의약품뿐만 아니라 화학과 섬유, 환경, 에너지, 식품 등의 분야와 접목도 가능하다. "식량 걱정 없는 풍요로운 사회"라는 말도 바이오기술을 염두에 둔 표현이다. 식물과 고기를 인위적으로 대량생산할 수 있기 때문이다.

광범위한 바이오 분야 가운데 투자자들이 좋아하는 제약 분야에 대해 살펴보자. 관련 회사로는 치료를 하는 의료기관, 약을 만드는 제약회사, 의료기기를 만드는 의료기기 회사, 건강식품을 만드는 건강기능식품 회사, 기타 회사로 구분한다. 바이오 기업이라 하면 대부분 약을 만드는 제약회사를 가리킨다.

약의 종류는 '천연물 의약품 한약', '합성 의약품 양약', 미생물과 DNA를 이용한 '바이오 의약품'으로 구분한다. 여기서는 천연물 의약품 한약은 설명에서 제외하겠다. 합성 의약품과 바이오 의약품에 대해 살펴보자.

합성 의약품은 이름에서 알 수 있듯이 화학성분을 합성한 의약품이다. 병원에서 처방하고 약국에서 살 수 있다. 최초에 만들어진 합성 의약을 '퍼스트 제네릭'이라 하고, 퍼스트 제네릭을 복제한 합성 의약품은 '바이오 제네릭'이라 한다. 화학성분만 따라 하면 똑같은 효과가 나온다. 그래서 경쟁사들이 특허 만료와 동시에 복제한 수많은 합성 의약품을 출시한다. 합성 의약품(퍼스트 제네릭/바이오 제네릭)의 단점은 화학성분으로 인해 면역력 저하와 각종 부작용 등의 문제가 있다는 점이다. 그럼에도 여전히 많은 사람들이 사용하는 대표적인 의약품이다.

반면 바이오 의약품은 단백질과 세포, DNA를 조작한 후 미생물을 배양한 의약품이다. 합성 의약품에 비해 부작용이 적고 효과가 뛰어나다. 최초 바이오 의약품은 '오리지널 바이오'라 하고, 오리저널 바이오를 복제한 의약품은 '바이오 시밀러'라 한다. '바이오 베터'는 복제약품에 새로운 성능을 추가한 약품이다. 바이오 의약품은 비슷한 효과만 내면 복제약으로 구분한다. 동일한 효과를 가진 복제약품을 만든다는 것은 거의 불가능하기 때문이다. 예를 들면, 내 자녀 성격을 옆집 자녀 성격과 동일하게 만드는 것과 같다. 그래서 오리지널 바이오 의약품의 성능과는 다소 차이가 있다.

의약품 가운데 바이오 의약품은 매우 중요하다. 바이오 의약품이 시중에 시판되면, 회사는 돈방석에 앉는다. 특허기간 만료 후에도 100% 동일한 성능의 복제는 대부분 불가능하다. 따라서 원천기술을

의약품의 종류

구분	합성 의약품	바이오 의약품
최초 의약품	퍼스트 제네릭	오리지널 바이오
복제 의약품	바이오 제네릭	바이오 시밀러 (바이오 베터: 신규 기능 추가)
복제기술	쉽다	어렵다
특허만료 후	복제 의약품 다수 등장	복제가 어려움

보유한 기업 가치는 특허기간 만료 후에도 독보적인 위치를 갖는다. 이러한 독보적인 위치는 더욱 뛰어난 약품이 나오기 전까지 유지된다.

바이오 의약품에는 '단백질 치료제'와 '세포 치료제', '유전자 치료제'가 있다. 첫째, 단백질 치료제는 바이러스와 세균에 대항하는 몸속 항체를 이용한 의약품이다. 항체에 성능을 추가하여 질병의 원인물질에만 반응한다. 때문에 부작용이 적고 우수한 효과를 제공한다. 둘째, 세포 치료제는 살아 있는 세포를 조작한 의약품이다. 세포를 재생시켜주는 꿈의 기술이다. 체세포 치료제와 줄기세포 치료제, 면역세포 치료제로 세분화된다. 셋째, 유전자 치료제는 결함 유전자를 치료하거나 예방하는 기술이다. 조작한 유전자와 DNA를 세포에 주입시키거나 잘못된 유전자를 정상 유전자로 교체하는 방식으로 이뤄진다. 선천적이거나 후천적인 난치병을 치료할 수 있다.

바이오 의약품은 대중에게 선보이기까지 오랜 기간이 걸린다. 우선 어떤 치료제를 만들 것인지 타깃을 선정하고 사용할 후보물질들을 검증해야 한다. 그리고 동물에게 비임상실험을 한 후 사람을 대상으로 1~3차 임상실험을 한다. 이렇게 만들어진 의약품은 각각의 국가

바이오 의약품 종류

구분	단백질 치료제	세포 치료제	유전자 치료제
재료	항체	세포	유전자/DNA
특징	바이러스 표적 치료	세포 재생	결함유전자 치료

에서 식품의약품으로 승인을 받아야만 시판할 수 있다.

주목 받는 체외 진단기 산업

바이오 의약품과 함께 항상 소개되는 분야가 있다. 생명공학을 보조하는 진단의학이다. 병원에서 소변과 피를 이용한 검사를 '진단의학'이라 하고 진단기는 '체외 진단기'라 한다. 체외 진단기는 '분자진단 장비'와 '생체신호 계측처리 장비'로 구분한다. 진단의학에 대해 간단히 살펴보자.

첫째, 분자진단 장비가 개발되면서 진단의학도 빠른 속도로 발전했다. 피 한 방울로 다양한 질병을 검사할 수 있을 뿐만 아니라 요즘에는 유전자와 DNA, 단백질 등도 분석할 수 있다. 기존 소변과 피검사보다 더 정확하다.

둘째, 몸에 착용하는 생체신호 계측처리 장비를 '웨어러블 (wearable) 기기'라 부른다. 심장박동을 체크하는 손목밴드와 신경을 이용한 인공의수가 대표적이다. 시계와 안경, 의류 등과 융합되면서 차세대 스마트 기기로 부상하고 있다.

우리는 머지않아 평균수명 100세 시대를 살게 될 것이다. 바이오와 첨단 기술의 융합으로 인해 더 길어진 노후를 보낼 수밖에 없다. 이유는 다음과 같다.

첫째, 진단의학이 질병을 조기에 찾아내고 예방한다. 둘째, 질병에 걸렸어도 바이오 의약품이 척추를 재생하고, 질병 세포만 표적 치료

한다. 셋째, 치료가 끝난 다음에는 원격 검진과 건강 컨설팅 등의 헬스케어를 받는다. 넷째, 웨어러블 기기가 24시간 내 몸 상태를 체크한다.

이제 우리는 늘어난 노후기간을 어떻게 보낼지 계획해야 한다. 제약회사와 헬스케어회사에 투자하는 이유가 여기에 있다. 수명이 늘어나면서 몸이 약해진 노년기에는 한번 아프면 오랜 기간 병에 시달린다. 그 기간만큼 약도 장기간 복용해야 한다. 결국 제약회사와 헬스케어회사의 상품은 시간이 흐를수록 수요가 증가하게 된다. 장기간 수익을 창출할 수 있다는 뜻이다. 첨단 기술을 갖춘 제약회사와 헬스케어회사에 투자해야 한다.

급부상하는
대체에너지의 미래

전통 화석에너지의 종말

인류는 에너지로 기계와 가전제품을 돌린다. 여름과 겨울에는 냉/난방기를 만지작거리며 고민에 빠진다. 어느새 에너지 가격 변동을 확인하는 삶에 익숙해졌다. 에너지 가격 상승 뉴스가 나오는 날이면 스트레스도 받는다. 마음대로 사용하고 싶은 욕망과 다음 달 사용료를 계산한 이성이 충돌한다. 에너지가 사용자 입장에서 필수적인 소비항목이라면, 투자자에게는 그만큼 좋은 투자처가 없을 것이다. 그렇다면 에너지를 사용자가 아닌 투자자 입장에서 바라보면 어떨까?

기원전에 인류는 가축의 노동력을 에너지로 사용했다. 14세기에 들어와 유럽의 고도 농업인은 석탄으로 난방을 했다. 18세기 영국 산업혁명부터 본격적으로 자원을 에너지로 사용했다. 기계를 돌리기 위해 석탄이 사용된 것이다. 그리고 19세기 미국 펜실베이니아 유전에서 원유가 터지면서 석유시대가 개막됐다. 20세기 세계대전 이후에는 천연가스와 핵을 동력으로 사용했다. 인류 발전과 함께 에너지도 변하고 있다.

에너지는 '전통에너지'와 '대체에너지'로 구분한다. 전통에너지는 동/식물의 화석을 통해 얻었다고 해서 '화석에너지'라 한다. 우리가 사용하는 에너지의 약 90%가 화석에너지로 석탄과 석유, 천연가스가 있다. 그중 천연가스 활용도가 점점 높아지고 있다. 가스 종류는 원유에서 추출한 유전가스, 석탄의 탄전가스, 특정지질에서 나오는 가스전가스와 셰일가스로 구분한다. 사용 비율은 석유가 약 33%로 가장 높고, 석탄이 약 29%를 차지한다. 천연가스는 약 24%로 자원이 없는 나라에서 1차 에너지로 사용한다.

국내 에너지 시장은 어떤 상황일까? 원래 에너지는 정부에서 한국전력공사와 한국가스공사, 석유공사를 만들어 관리했다. 석유공사는 다시 유전탐사개발을 맡은 한국석유공사와 석유정제업을 담당하는 대한석유공사로 구분된다. 대한석유공사가 SK로 민영화되면서 현재의 GS칼텍스와 S-Oil, 현대오일뱅크가 설립됐다. 이렇게 정부의 공사와 4개의 회사가 국내시장을 장악하고 있다. 하지만 대체에너지 등장으로 시장 판도가 바뀔 위기에 처했다.

새로운 대체에너지의 시대

대체에너지는 화석에너지를 대체할 에너지로 '핵에너지'와 '신재생에너지'가 있다. 생산단가가 낮아지고 사업성이 좋아지면서 연구개발이 활발하다. 특히, 화석에너지 고갈과 환경파괴 문제가 커짐에 따라 필요성도 높아졌다.

핵에너지는 2차 세계대전에서 처음으로 선보였다. 히로시마와 나가사키에 무기로 투하되면서 수많은 사상자를 냈다. 원전 사고와 함께 방사능 위험성도 알려졌다. 그래서 핵이라는 단어가 들어가면 부정적으로 바라본다. 하지만 핵에너지에도 종류가 있다. 크게 '핵분열'과 '핵융합'으로 구분한다. 우리가 반대하는 에너지가 바로 핵분열이고, 새롭게 연구하는 분야가 핵융합이다. 화석에너지보다 저렴한 생산비용과 반영구적이라는 공통점이 있지만 둘의 차이는 극과 극이다.

첫째, 핵분열은 천연으로 존재하는 은백색의 우라늄을 연료로 사용한다. 핵이 분열할 때 생성된 열을 에너지로 이용한다. 우리나라 전력의 약 40%를 담당하는 중요한 에너지다. 문제점은 연료봉이 다 탈 때까지 장시간 운전해야 한다. 만약 제어를 못하면 사고가 발생한다.

대체에너지의 종류

구분	핵에너지		신재생에너지	
종류	핵분열에너지	핵융합에너지	신에너지	재생에너지
연료	우라늄	수소	수소	자연/폐기물

방사능 오염으로 사망하거나 기형아를 출산할 수도 있다. 또한, 고준위 방사성 폐기물 처리가 어렵다.

둘째, 핵융합은 두 개 이상의 핵을 하나로 합칠 때 생성된 열을 에너지로 이용한다. 핵분열과 달리 고준위 방사성 폐기물이 없고 진공 상태에서 운행한다. 그래서 안전한 친환경 에너지로 떠오르고 있다. 향후 플라스마를 제어하고 사용화에 성공하면, 에너지를 무한정 생산할 수 있다. 모든 국가가 에너지 부국이 되는 것이다.

신재생에너지는 '신에너지'와 '재생에너지'를 합쳐서 일컫는 용어다. 자연친화적인 에너지로 우리가 관심을 가져야 하는 분야이며 접근하기에도 쉬운 편이다.

첫째, 신에너지에는 수소를 연소시켜 얻은 '수소에너지'가 있다. 그리고 연소과정에서 발생한 에너지를 사용하는 '연료전지'도 있다. 참고로 석탄을 액체 또는 기체로 만든 '석탄액화/기체화에너지'는 화석에너지이지만 신에너지에 포함시키기도 한다.

둘째, 재생에너지는 태양, 풍력, 지열, 해양, 수력, 바이오매스, 폐기물 등을 이용한다. 태양을 이용한 재생에너지가 많이 알려졌다. 하지만 산업에서는 바이오매스에너지와 폐기물에너지가 많이 쓰인다. 바이오매스에너지는 식물과 미생물을 이용한다. 폐기물에너지는 에너지함량이 높은 폐기물을 이용한다. 가스를 채취하거나 손가락만한 크기의 펠릿으로 만들어 연료로 사용한다. 생산단가가 태양광에너지의 1/10수준이고, 연료가 쓰레기라서 사업성이 높다. 즉, 쓰레기를 수

거할 때와 팔 때 양쪽에서 돈을 받을 수 있다.

에너지 하베스팅과 에너지 저장장치

대체에너지 외에도 '에너지 하베스팅(harvesting)'을 눈여겨봐야 한다. 에너지 하베스팅은 일상생활에서 버려진 에너지를 활용한 기술이다. 전선 주위에 흐르는 자기에너지가 대표적이다. 또, 인체 운동에너지, 교량 진동에너지, 방송 전자파에너지 등도 있다. 특별한 동력 공급 없이 스스로 에너지를 생산한다. 이런 에너지로 CCTV, 가로등, 스마트폰 등을 작동시킬 수 있다.

에너지 생산만큼 중요한 기술이 '전력저장장치(ESS)'다. 나노기술이 발전하면서 빠르게 많은 양의 에너지를 저장할 수 있게 되어 에너지가 필요 없을 때 저장했다가 언제든 사용할 수 있다. 가정집, 사무실, 자동차, 컴퓨터 등 전기가 필요한 곳이면 어디든지 적용이 가능하다.

우리는 에너지 소비 순위 10위를 달리는 에너지 소비대국이다. 에너지 소비량도 계속 늘어나고 있다. 하지만 시장 상황은 화석에너지 시대와 많이 다르다. 새로운 대체에너지 등장과 함께 전통 화석에너지가 흔들리고 있기 때문이다. 미래에는 다양한 차들과 기계들이 석유가 아닌 대체에너지를 사용하게 될 것이다. 또한, 거리의 화려한 불빛들도 에너지 하베스팅과 전력 저장장치로 유지될 것이다. 때문에 사업성도 높아질 수밖에 없다. 그리고 누군가는 필수가 된 에너지로 돈을 벌 것이다. 대체에너지와 관련된 기업에 투자해야 한다.

지식재산에 투자하라

지식도 돈이 되는 시대

사람들은 항상 흥미를 찾아다닌다. 사람들은 재미있는 일, 새로운 사건, 최신 상품 등을 접하고 신선한 충격에 열광한다. K-POP과 한국 드라마도 흥미로운 콘텐츠가 되어 지구촌에 퍼져나갔다. 전 세계 다양한 사람들이 우리 음악을 따라 불렀고, 주인공이 걸친 코트를 구입했다. 한류에 대한 열광은 관광객의 유입으로 이어졌다. 어느새 문화 콘텐츠가 경제를 지탱하는 중요한 축으로 성장했다.

지식도 돈이 되는 재산이다. 줄여서 '지식재산(IP)'이라 한다. 그 종류는 문화 예술의 '저작권', 새로운 기술의 '특허권', 회사의 상징 '상표권', 구매를 유도하는 '디자인권'으로 구분한다. 지식재산 가운데 중요한 분야가 저작권과 특허권이다. 먼저 저작권에 대해 살펴보자.

지식 재산의 범위

구분	저작권	특허권	상표권	디자인권
담보대상	창작물	기술	상징	디자인
특허기간	사망 후 70년	20년	10년 갱신	15년

저작권은 창작활동으로 얻은 결과물이다. 누구나 창작만 하면 저작권을 소유할 수 있다. 혁신적인 창작자는 하루아침에 스타로 떠오르기도 하고, 1인 기업이 되기도 한다. 〈미생〉, 〈조선왕조실톡〉, 〈마음의 소리〉, 〈치즈인더트랩〉 등의 웹툰이 대표적이다. 저작권은 창작자가 사망한 후 70년까지 보호받는다. 창작자가 사망해도 저작권은 가족에게 상속된다. 따라서 자녀가 창작물 사용료를 계속 받을 수 있다.

매력적인 창작물은 사업 확장성도 뛰어나다. 만화에서 시작해 웹툰과 웹드라마, 영화, 게임, 캐릭터, 이모티콘, 장난감, 광고 등으로 사용 범위를 넓힐 수 있다. 1938년 만화책에서 처음 소개된 슈퍼맨이 아직도 스크린에서 날아다니는 것처럼 말이다. '포켓몬GO'도 같은 사례다. 1995년 일본 닌텐도에서 제작한 게임인데, 이후 의류와 액세서리, 식품 등으로 다양하게 상품화됐다. 특히, 증강현실과 결합되면서 폭발적인 인기를 끌었다. 리서치업체 앱 애니에 따르면 2016년 7월 출시 후 2달 만에 인앱 결제액이 약 7,000억 원에 달했다고 한다.

특허권도 주식처럼 거래된다

'포켓몬GO'를 스타덤에 올린 '증강현실(AR)'은 가상의 사물을 보여주는 기술이다. 이와 비슷한 기술로 가상의 공간을 보여주는 '가상현실(VR)'과 영화 〈아이언맨〉에서 봤던 '융합현실(MR)'이 있다. 영화 〈매트릭스〉처럼 내가 보고 싶은 세상을 만들 수도 있다. 그래서 미래학자들은 앞으로 사람들이 가상 세계에서 살 것이라고 예측하고 있다.

실감 나는 가상 세계가 이뤄지기 위해서 꼭 필요한 기술이 있다. 바로 정보통신이다. 인터넷 속도가 지금보다 1,000배 이상 빨라야 고화질 영상을 실감나게 즐길 수 있다. 이 기술을 차세대 통신 '5G'라 부른다. 만약, 특허로 등록한 기술이 국제 표준기술이 되면 엄청난 돈방석에 앉을 수 있다.

국제 표준기술의 가치를 입증한 사례가 '퀄컴'이다. 퀄컴은 스마트폰에 들어가는 통신 칩(CDMA) 특허를 가지고 있다. 지구촌에서 스마트폰이 팔릴 때마다 5%의 로열티를 받는다. 대한민국에서만 매년 약 2조 원을 로열티로 받아 간다고 한다.

이후 글로벌기업들은 특허를 사들이기 시작했다. 구글은 모토로라 특허를 약 12조 원에 인수했다. 애플은 컨소시엄을 구성해 노텔 특허를 약 4조 원에 인수했다. 특히, 텐센트는 판권 하나를 얻기 위해 게임회사도 인수했다. '리그 오브 레전드'의 개발사 라이엇게임즈, 그리고 '클래시 오브 클랜' 개발사 슈퍼셀을 약 1조 3,000억 원에 인수했다.

특허만 전문적으로 사들이는 '특허관리회사(NPE)'도 등장했다. 이들은 대부분 소송으로 수익을 창출했다. 2000년 이후 애플과 삼성, 휴렛팩커드 등 글로벌기업 10곳의 특허소송 건수가 약 1,400건에 달했다. 특허관리회사 'VI' 또한 2014년 한 해에만 국내에서 약 244건의 소송을 제기했다. 특허소송에 휘말린 회사는 사업이 휘청거린다. 그래서 이들을 특허괴물이라 한다.

이제는 특허가 재산으로 인식되는 시대다. 나아가 특허를 이용한 새로운 금융이 탄생했다. 특허를 거래하는 '특허풀' 시장에서 다수의 특허를 하나로 묶어 새로운 특허를 만들었다. 특허 담보대출 금융회사도 등장했다. 특허의 가치가 확연히 달라졌다.

특허는 마케팅에도 활용됐다. 한 햄버거 매장은 포켓몬GO의 증강현실을 후원했다. 포켓몬이 매장 주위에 자주 등장하도록 하기 위해서다. 사람들은 포켓몬을 잡은 후 매장에서 햄버거를 사 먹었다. 가상현실 기기 전문 업체 '오큘러스VR'과 전기자동차 '테슬라'도 전략적으로 활용했다. 그들은 기술을 무료로 오픈했다. 자사의 플랫폼으로 사람들을 끌어들이기 위해서다. 자사의 기술을 이용하는 사람들이 많아지면 어느새 국제 표준기술처럼 인식된다. 기본적인 기술은 무료지만, 그 이상의 기술은 유료다. 언젠가는 수익이 발생한다.

지식재산은 그 자체가 수익을 창출한다. 경쟁자를 줄이는 진입장벽이 되기도 한다. 가장 큰 장점은 투자자에게 돌아가는 보상이다. 대기업은 개발기간이 길거나 핵심기술이라고 판단하면 거액을 지불하고서라도 기업을 인수한다. 특허만으로도 수백억 원대 젊은 자산가들

이 탄생할 수 있는 이유다. 21세기 새로운 재산, 지식재산에 투자해야
한다.

05

벤처투자로
당신의 인생을 바꿔라

강남 큰손은 왜
사모펀드에 열광하는가

극소수를 위한 그들만의 리그

2016년, 검사장이었던 공직자가 뉴스에 등장했다. 게임회사 넥슨의 주식을 팔아 약 126억 원을 벌어들였다고 한다. 비상장 벤처기업일 때 투자해서 상장 후 시세차익을 본 것이다. 비상장 벤처기업은 개인들이 쉽게 접근할 수 없다. 그는 어떻게 투자할 수 있었을까? 검찰에 따르면, 비상장 벤처기업 주식을 무상으로 받았다고 한다. 불법 의혹이 더욱 커졌다.

사실, 비상장 벤처기업 투자는 예전부터 있었다. 단지 방송 매체를 통한 광고를 할 수 없으므로 접할 기회가 없었던 것뿐이다. 시간이 흐를수록 일반인은 고급 정보에서 소외됐고, 어느새 자산가들만의 전유물이 됐다. 지금도 강남 큰손들이 사모펀드에 몰린다는 기사가 종종 나온다. 일반인은 접근하기 힘들고 상상할 수도 없었던 그들만의 리그로 들어가 보자.

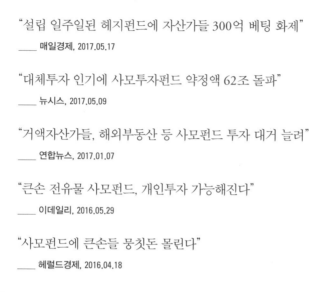

"설립 일주일된 헤지펀드에 자산가들 300억 베팅 화제"
____ 매일경제, 2017.05.17

"대체투자 인기에 사모투자펀드 약정액 62조 돌파"
____ 뉴시스, 2017.05.09

"거액자산가들, 해외부동산 등 사모펀드 투자 대거 늘려"
____ 연합뉴스, 2017.01.07

"큰손 전유물 사모펀드, 개인투자 가능해진다"
____ 이데일리, 2016.05.29

"사모펀드에 큰손들 뭉칫돈 몰린다"
____ 헤럴드경제, 2016.04.18

사모펀드는 어디에 투자하는가?

강남 큰손이 특히 사모펀드에 열광한다. 투자자 명단은 비공개이고, 인원수는 49인 이하의 극소수만으로 결성된다. 극소수 사람들만 고급 정보를 돌려본다. 이렇게 그들만의 리그가 형성된다. 투자 사실을 알리고 싶지 않은 자산가들이 좋아할 만하다.

사모펀드는 투자 방식과 규모가 상상을 초월한다. 자금 규모는 한

번에 1억~100억 원 단위로 결성된다. 메디치인베스트(350억 원), 미래에셋벤처(400억 원), 린드먼아시아(500억 원) 등은 투자조합으로 100억 원 단위의 펀드를 결성했다. 규모가 조 단위인 펀드도 있다. 그래서 자금을 움직이는 이들을 '1조 원의 승부사'라고 부른다.

승부사들은 사모펀드를 통해 상장기업과 비상장기업, 부동산, 원자재, 인프라, 영화, 콘서트 등 대상을 가리지 않고 투자한다. 또한, 중소기업을 상장시키기도 하고, 부도난 기업을 살리기도 한다. 그중에서도 핵심은 4차 산업혁명의 중심이 될 벤처기업에 투자한다는 점이다.

투자 세계의 꽃은 기업 인수합병(M&A)이다. 우리 기업계에서도 대형 자본으로 기업을 사고파는 '빅딜'이 심심치 않게 이뤄진다. 롯데그룹이 삼성 화학계열사를 약 3조 원에 인수했고, MBK파트너스는 홈플러스를 약 7조 2천억 원에 인수했다. 2017년 초에는 삼성전자가 미국 오디오 기업 하만을 약 9조 3천억 원에 인수했다. 빅딜이 끝나면 벤처기업은 대박이 터진다.

전문가답게 투자 성과도 상당하다. 시너지투자자문은 하이소닉에 6차례 투자하여 약 47% 수익을 달성했고, 밸류인베스트코리아 역시 콜마BNH를 매각하여 약 200% 수익을 올렸다. 또, 케이피에프는 티엠씨에 6년간 투자하여 약 500% 수익을 챙겼다. 이외 KKR과 어피니티는 오비맥주를 매각하여 약 3조 5천억 원의 수익을 올렸다. 전통투자와는 확연히 다른 수익률이다.

사모펀드는 벤처투자로 대한민국을 살린다

사모펀드는 뉴스 기사에도 하루가 멀다고 등장한다. 예를 들어보자. 어느 사모펀드가 지난달 투자조합을 결성했다고 발표했다. 어느 기업을 얼마에 인수했고 수익이 몇 배가 나왔다고 한다. 언뜻 보기에 우리와 동떨어진 이야기 같지만 그들은 이미 우리 삶 깊숙이 들어왔다. 사모펀드로 인해 시장 환경과 경쟁 구조가 바뀌기도 하고 우리의 고질적인 문제를 해결하기도 한다. 어떻게 이런 일들이 가능할까?

첫째, 사모펀드는 대기업을 견제할 수 있는 대항마다. 거대 자본으로 대기업 주식을 소유하고 경영에 참여한다. "엘리엇이 삼성전자를 흔든다"라는 기사가 가끔 나온다. 글로벌 대기업을 흔드는 엘리엇이 바로 미국의 사모펀드인 '헤지펀드'다. 적극적으로 주주 권리를 행사하는 것은 물론, CEO도 교체할 수 있다.

둘째, 중소기업을 육성하고 보호한다. 그리고 기하급수적 기업을 만든다. 블루사이드라는 국내 게임개발 기업이 있다. 화제의 게임 대작 '킹덤언더파이어2'를 만든 회사다. 한때 해외 자본으로부터 적대적 기업 인수합병(M&A) 공격을 받고 역사 속으로 사라질 뻔했다. 위기의 순간에 방어해준 투자기관이 밸류인베스트코리아다.

셋째, 경제를 살린다. 벤처기업 투자로 새로운 일자리가 만들어진다. 미국 사모펀드 '칼라일'은 약 72만 5천 명을, 'KKR'은 약 72만 명을 고용하고 있다. 삼성전자의 직원 약 9만 5천 명과 비교해도 월등하게 많다. 일자리 창출로 소득이 늘어나면, 소비심리가 살아나 경제가 꿈틀거리기 시작한다. 아프리카 케냐는 통신업체 '엠파사'의 송금 서비스 하나로 서민 경제를 살렸고, 핀란드는 '슈퍼셀'의 게임으로 국가 경제를 견인했다. 미국과 독일, 중국 등 수많은 국가가 벤처기업에 공격적으로 투자하는 이유다.

작은 연구소를 글로벌 기업으로 키우는 사모펀드

사모펀드는 투자방식이 특이하다. 제품이 아무것도 없는 기업, 있는 것이라곤 아이디어뿐인 기업, 작고 초라한 연구소라도 투자한다. 그런데 그런 곳에서 대박이 터진다.

2006년 3월, 한 항암치료제 연구소가 회사를 설립했다. 규모는 작고 이렇다 할 성과도 없었다. 그저 작고 평범한 연구소였지만 꿈은 컸다. 사람을 살리는 글로벌기업이 되기 위해 연구와 실험을 반복했다. 그렇게 수년이 흘렀다.

시간이 갈수록 통장에 잔액이 줄어들었다. 운영비 조달을 위해 투자자를 찾아 사방팔방으로 뛰어다녔다. 연구가 실패할지도 모르기 때문에 투자자가 선뜻 나서질 않았다. 게다가 임상실험은 성공 확률이 낮아 투자자가 더욱 없었다. 결정적으로 투자자를 납득시킬 만한 성과가 없었다. "이 연구는 불가능해. 가능했다면 대기업이 먼저 했을 거야. 이것은 사기다." 업계에 이런저런 소문이 돌았다. 투자자가 없으면 연구만 하다가 끝내야 할 수도 있다. 그동안의 노력이 공중으로 사라질 위기의 순간, 이런 상황에서 투자하는 존재가 사모펀드다.

조그마한 가능성을 믿은 투자자들이 연구에 전념할 수 있도록 사모펀드에서 자금을 지원했다. 다시 수년이 흘렀다. 그동안 투자금으로 국내 최초 글로벌 임상 3상 실험을 진행했고, 미국 제약회사 '제네릭스'도 인수했다. 나아가 기술력을 인정받으며 국책사업 주관기관으로 선정됐다. 미국과 유럽에서 희귀의약품으로도 지정받았다. 연구 성과도 조금씩 나오고 규모도 커졌다.

어느 날 투자자들에게 좋은 소식이 날아왔다. 상장을 위한 통일주권 안내문이었다. 그렇게 주식시장에 출사표를 던지며 상장을 알렸다. 이후 해외 투자자들이 참고로 삼는 MSCI 한국지수에도 편입됐다. 바로 2016년 12월 상장한 '신라젠' 이야기다. 2017년 초반, 여전히 시판된 의약품 하나 없이 연구와 실험만 하고 있었다. 게다가 각종 악재가 계속 터져 나왔다. 미국과 중국의 무역 압박, 국내 국정농단, 한미약품 사태……. 그래서 주가는 형편없이 떨어졌다. 하지만 몇 년 후 문제없이 의약품 출시가 된다면, 우리가 키운 기업은 글로벌기업이 될 것이다(2017년 2월, 글을 쓸 당시 신라젠의 주가는 9천 원이었다. 지금 얼마인지 검색해보라). 사모펀드는 이런 비전을 보고 투자한다.

이제 자산가들만의 전유물이었던 사모펀드의 벤처투자 시장이 개인에게도 열리고 있다.

벤처투자용 펀드란 무엇인가

사모펀드와 공모펀드의 차이

재테크는 현대인의 필수가 됐다. 전문가처럼 펀드를 달달 외우는 사람도 있다. 하지만 모든 펀드를 알 수는 없다. 전문가들 또한 모든 펀드를 외우는 것은 불가능하다. 대한민국은 펀드 개수가 1만 개가 넘는 세계 1위 국가이기 때문이다. 펀드를 이해하려면 펀드를 구분하는 큰 뼈대부터 알아야 한다. 그래야 벤처투자가 보인다.

펀드는 크게 '전통투자'와 '대체투자(AI: Alternative Investment)'로 나뉜다. 일반적인 투자방법으로 주식과 채권에 투자하는 것을 전통투자라 한다. 그동안 금융기관에서 가입한 금융상품을 떠올리면 된다. 반면, 대체투자는 전통투자를 제외한 투자를 통칭한다. 다양한 투자 대상과 투자방법을 활용한다.

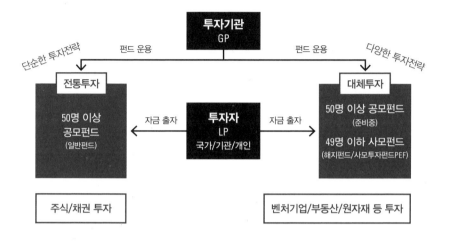

전통투자와 대체투자

또 '공모펀드'와 '사모펀드'는 전문 투자자를 제외한 일반 투자자의 인원수를 기준으로 구분한다. 일반 투자자가 50인 이상 참여하면 공개모집이 되고, 모집된 자금을 공모펀드라 한다. 반면, 49인 이하는 사모펀드라 하고, 각종 규제에서 자유롭지만 방송 매체를 통한 광고를 할 수 없다. 소수 자산가를 대상으로 하는 사적인 펀드라고도 한다. 투자자를 사적으로 모집하기 때문에 모든 정보가 베일에 싸여 있었다.

벤처투자는 대체투자에 속한 공모펀드와 사모펀드에 대한 이야기다. 50인 이상의 공모펀드는 관련 법 개정안이 시행 전이므로, 49인 이하 사모펀드 위주로 설명하겠다. 또, 펀드의 정식 명칭은 집합투자기구다. 다시 말해, 펀드와 집합투자기구는 같은 뜻이다. 사모펀드도 정식 명칭은 사모집합투자기구다(이 책에서는 설명의 편의를 위해 사모집합투자기구를 사모펀드로 통일한다).

펀드의 근거 법률과 법적 설립형태

사모펀드는 법률에 근거하여 설립된다. 다양한 법률 가운데 자본시장법과 벤처기업 육성특별법, 중소기업 창업지원법에 따른 펀드가 대부분이다. 이외 산업발전법, 선박 투자회사법, 부동산 투자회사법, 여신전문 금융업법, 문화산업 진흥기본법, 농림수산식품 투자조합법, 부품소재 전문기업 특별법 등이 있다.

사모펀드를 설립할 근거 법률을 정했다면, 이제 법적인 설립형태를 선택할 차례다. 법적인 형태를 갖춰 설립하면 하나의 회사가 된다. 설립형태는 투자신탁, 투자회사, 투자유한회사, 투자합자회사, 투자합자조합, 투자익명조합, 개인투자조합, 투자유한책임회사 등이 있다.

사모펀드의 대표적인 설립형태는 '개인투자조합'과 '투자합자회사'다. 둘의 차이점은 펀드 설립의 과정이다. 개인투자조합이 투자합자회사보다 더 간편하고 빠르게 설립할 수 있다. 투자조합 형태의 사모펀드는 주로 벤처캐피털 회사에서 활용됐다. 이후 투자클럽과 엔젤클럽, 액셀러레이터 등의 투자기관으로 확산됐다.

펀드 설립을 위한 법률과 설립형태

펀드 근거 법률의 종류	펀드 법적 설립형태의 종류
자본시장법	투자신탁
산업발전법	투자회사
선박 투자회사법	투자유한회사
부동산 투자회사법	투자합자회사
여신전문 금융업법	투자합자조합
문화산업 진흥기본법	투자익명조합
벤처기업 육성특별법	개인투자조합
중소기업 창업지원법	투자유한책임회사
농림수산식품 투자조합법	기타 투자조합
부품소재 전문기업 특별법	(공모창업투자조합 준비 중)

사모펀드는 국가와 기관, 개인으로부터 자금을 유치한다

사모펀드는 투자자를 사적으로 모집한다. 인맥을 동원해 국가 또는 기관, 개인에게서 자금을 모집한다. 자금 모집을 위해서는 사람이 필요하다. 사람이 없다면 펀드 설립은 불가능하다. 때문에 펀드의 출발은 인맥에서 시작된다. 펀드레이징이 시작되면 인맥을 동원해 캐피털 콜을 한다. 투자유치 활동을 '펀드레이징'이라 하고, 투자자에게 연락하여 투자를 요청하는 것을 '캐피털 콜'이라 한다.

펀드레이징이 끝나면 자금이 마련된다. 펀드가 설립된 것이다. 펀드는 그 자체가 회사이기 때문에, 펀드 속에는 사원이 있다. '무한책임사원(GP: General Partner)'과 '유한책임사원(LP: Limited Partner)'이다. 무한책임사원은 펀드를 운용하는 인력이고, 유한책임사원은 펀드에 투자한 투자자다.

투자 고객 가운데 가장 중요한 고객은 국가다. 자산 규모가 무려 100조 원이 넘기 때문이다. 대표적 국가 자금에는 대한민국의 국부펀드인 '한국투자공사', 벤처기업에 투자하는 '한국모태펀드', '국민연금' 등이 있다. 다른 국가들도 자국의 이익을 위해 거대 자본을 운용 중이다. GIC(싱가포르), CIC(중국), RF(러시아), SIF(프랑스)는 국부펀드이고, ABP(네덜란드), CPPIB(캐나다), GPFG(노르웨이), NZS(뉴질랜드)는 연기금이다. 이들은 수백조 원을 보유한 VVIP 투자자다.

투자기관들은 컨소시엄을 결성해 펀드 규모를 키운다. 컨소시엄이란 공동으로 창설한 조합을 의미한다. 주로 기업 인수합병에 활용된다. 자금이 부족한 투자기관들이 공동의 조합을 조성해 기업을 인수한다. 그리고 가장 중요한 역할의 투자기관을 '앵커 투자자'라 한다. 펀드가 설립된 해를 '빈티지(vintage) 해'라 부르고, 펀드 이름은 펀드 투자전략과 상관없이 자유롭게 정한다. 이렇게 국가와 기관, 개인이 대형 자본을 탄생시켰다.

상장기업과 비상장기업 투자전략은 다르다

이제 사모펀드 투자전략을 설명할 차례다. 본론에 앞서 '상장기업'과 '비상장기업'에 대해 설명하겠다. 상장기업은 주식을 증권시장에 등록한 기업이다. 각종 조건을 충족한 우량한 기업만이 주식시장에 상장되고 증권사를 통해 개인의 주식 거래가 가능하다. 주식투자라고 하면 대부분 상장기업 투자를 뜻한다. 반면, 비상장기업은 증권시장에 상장되지 않은 기업이다. 증권사를 통해 거래할 수 없으므로 현금화가 어려워 유동성이 떨어진다. 하지만 각종 투자 스킬과 옵션, 상장 등으로 높은 수익을 볼 수 있다. 벤처투자라고 하면 대부분 비상장기업을 뜻한다.

사모집합투자기구, 즉 사모펀드는 2가지로 구분한다. '경영참여형(사모투자펀드: PEF)'과 '전문투자형(헤지펀드)'이다. 둘의 차이점은 투자 대상의 상장 여부에 따라 갈린다. 내용은 다음과 같다.

첫째, 경영참여형 사모펀드(사모투자펀드: PEF)는 주로 비상장기업에 투자한다. 경영권 참여 등을 목적으로 지분증권 등에 투자하며 투자방법이 한정돼 있다. 경영참여형 사모펀드는 6종의 대표적인 투자전략이 있다. 아이디어만 보고 투자하는 '엔젤펀드', 기술만 보고 투자하는 '벤처캐피털펀드', 사업 확장 자금이 필요한 기업에 투자하는 '성장자금펀드', 채권에 투자하여 주식으로 전환하는 '메자닌펀드', 기업을 인수하여 실적을 개선한 후 매각하는 '기업인수펀드', 부도기업을 싼값에 인수하여 구조조정 후 매각하는 '부실증권펀드' 등이 있다.

둘째, 전문투자형 사모펀드(헤지펀드)는 주로 상장기업에 투자한다. 투자대상과 투자전략 등의 제한이 없다. 과거에는 투기적인 모습 때문에 하이에나 펀드라고도 불렸다. 전문투자형 사모펀드는 5종의 대표적인 투자전략이 있다. 저평가된 주식을 매수하고 고평가된 주식을 매도하는 '롱숏', 거시경제를 분석하여 투자하는 '글로벌 매크로', 기업가치에 영향을 줄 수 있는 사건에 따라 투자하는 '이벤트 드리븐' 금융선물과 실물선물에 투자하는 '선물시세추종', 주식과 파생상품에 단기 투자하는 '주식공매도' 등이 있다.

둘은 각각 고유의 투자전략이 있지만, 다른 전략을 사용하는 경우도 있다. 예를 들면 전문투자형 사모펀드가 경영참여형 사모펀드처럼 투자하는 것을 크로스오버펀드(Crossover Funds)라고 한다.

사모펀드는 투자 대상 유무에 따라 2종의 공통된 투자전략이 있다. '프로젝트펀드'와 '블라인드펀드'다. 프로젝트펀드는 투자 대상을 정하고 투자금을 받는다. 투자를 진행하는 입장에서 보면, 투자대상의 정보를 투자자에게 알려줘야 하므로 정보 보안에 취약하다는 단점이 있다. 반면, 블라인드펀드는 투자할 대상도 없이 투자금부터 받는다. 그리고 우량한 투자 대상이 나올 때마다 투자한다. 피투자기업 이름을 비공개할 때도 블라인드펀드라고 한다. 펀드 운용자의 신뢰와 실력이 없다면 투자자를 찾기가 힘들다.

이쯤 되면 머릿속이 복잡해진다. 예를 들어보자. "이번 펀드는 블라인드펀드로 벤처캐피털펀드입니다"라고 했다면, 투자대상이 정해지지 않았거나 공개할 수 없지만, 기술력이 있는 기업에 투자한다는 뜻이다. 또는 "프로젝트펀드로 메자닌펀드입니다"라고 했다면, 특정 A 회사 채권에 투자한 후 주식으로 전환할 것이란 뜻이다.

투자전략

구분		투자전략	내용
비상장기업	경영참여형	엔젤펀드(Angel Fund)	아이디어 투자
		벤처캐피털펀드(Venture Capital Fund)	기술 투자
		성장자금펀드(Growth Capital Fund)	사업 확장 투자
		메자닌펀드(Mezzanine Fund)	주식형 채권 투자
		기업인수펀드(Buy-out Fund)	기업인수 투자
		부실증권펀드(Distressed Securities Fund)	부실기업 투자
상장기업	전문투자형	롱숏(Long Short)	저평가 매수, 고평가 매도
		글로벌 매크로(Global Macro)	거시경제 분석
		이벤트 드리븐(Event Driven)	대형 뉴스 참고
		선물시세추종(Managed Futures)	금융선물 또는 실물선물 투자
		주식공매도(Dedicated Shortseller)	주식 또는 파생상품 단기 투자
공통		프로젝트펀드(Project Fund)	투자자 모집시 투자 대상 있음
		블라인드펀드(Blind Fund)	투자 대상 없거나 종목명 비공개

펀드를 움직이는
기관과 승부사들

투자기관 5종류

영화는 등장인물을 모르면 어떤 내용인지 알 수도 없고 재미도 없다. 투자 이야기도 승부사들을 모르면 재미가 없다. 하지만 승부사들을 알면 알수록 뉴스가 살아 있는 드라마처럼 흥미진진해진다. 그리고 사기 피해도 예방할 수 있다.

대한민국의 금융을 5종으로 구분하면 은행, 비은행 예금취급기관, 금융투자업자, 보험회사, 기타 투자기관이 있다. 이들 가운데 적극적으로 투자하는 기관이 '금융투자업자'와 '기타 투자기관'이다. 자신과 투자자의 자금으로 투자한다. 그리고 투자한 주식과 채권을 서로 사준다.

이들은 자본시장법 또는 특별법을 따른다. 자본시장법은 주로 투

투자기관

1종	2종	3종	4종	5종
은행	비은행 예금취급기관	금융투자업자	보험회사	기타 투자기관

자기관이 할 수 있는 업무를 관리한다. 반면, 특별법은 주로 투자 대상과 펀드를 관리한다. 세부내용은 다음과 같다.

금융투자업자는 자본시장법을 따른다

첫째, 자본시장법을 따르는 경우다. 자본시장법은 금융투자업자를 7종으로 구분한다. 금융투자업자는 금융투자업을 하기 위해 필요한 자격증을 취득하듯 필요한 만큼 각각의 업종을 등록 또는 인가받아야 한다.

투자자문업과 투자일임업은 등록만으로 해당 업무를 할 수 있다. 그리고 투자매매업과 투자중개업, 집합투자업, 신탁업은 인가를 받아야 한다. 인가를 받기 위해서는 상법상 주식회사이거나 금융기관이어야 한다. 또한, 5억 원 이상의 자기자본과 시스템을 갖춰야 하고, 타당한 사업계획과 투자자 보호도 가능해야 한다.

업무 내용을 설명하자면, 불특정 다수에게 투자 조언을 하는 '유사투자자문업', 투자판단에 관한 1:1 자문을 하는 '투자자문업', 투자자에게 투자판단을 일임받아 개별 운용하는 '투자일임업', 투자자와 제

업종	내용
유사투자자문업	불특정 다수에게 투자조언
투자자문업	투자판단에 관한 1:1 자문
투자일임업	투자판단을 일임 받아 투자자별 구분 운용
투자중개업	타인 계산으로 매매
투자매매업	자기 계산으로 매매
집합투자업	펀드 운용
신탁업	금전과 재산 관리

삼자를 중개하는 '투자중개업', 자기의 계산으로 매매하는 '투자매매업', 펀드를 운용하는 '집합투자업', 금전과 재산을 관리하는 '신탁업'이 있다.

기타 투자기관은 각종 특별법을 따른다

둘째, 산업발전과 투자활성화를 위한 각종 특별법을 따르는 경우다. 기타 투자기관은 특별법을 근거로 무한책임사원(GP), 즉 독립펀드매니저가 펀드(투자조합)를 결성한다. 이때 펀드는 인원과 금액, 타당성 등의 조건을 충족해야 한다. 엔젤클럽과 투자클럽, 액셀러레이터 등의 투자집단도 이렇게 펀드를 설립한다.

기타 투자기관의 종류는 신기술사업자에게 투자하는 '신기술사업

각종 특별법을 따르는 기타 투자기관

기관	내용
신기술사업금융회사	신기술사업자에게 투자 또는 융자
여신전문금융회사	채권 발행 또는 대출로 자금 조달
벤처캐피털회사	장래성 있는 벤처기업에 투자
창업투자회사	창업자금 투자
액셀러레이터	창업기획 및 투자
금융지주회사	금융기관을 자회사로 소유하여 경영
증권금융회사	유가증권 거래와 관련하여 자금 대부
엔젤투자클럽	창업단계 투자
P2P금융	개인과 개인의 거래
대부업자	담보대출 및 신용대출
투자클럽	투자를 위한 집단

금융회사', 채권발행 또는 타 기관에서 대출을 받아 자금을 조달하는 '여신전문 금융회사', 장래성 있는 벤처기업에 투자하는 '벤처캐피털회사'와 '투자클럽', 창업단계부터 투자하는 '창업투자회사'와 '액셀러레이터' 그리고 '엔젤투자클럽' 등이 있다.

투자 시점에 따라 투자자를 구분한다

주인공들 소개는 모두 끝났다. 한 가지 주의사항이 있다. 현실에서는 투자기관을 부를 때 다양한 이름으로 부른다. 어제는 창업투자회사, 오늘은 VC, 내일은 엔젤투자……. 같은 투자기관도 경우에 따라 다르게 부른다. 하나의 투자기관이 다양한 투자를 하기 때문일 수도 있고, 비슷한 특성 때문일 수도 있다. 용어 가운데 '벤처캐피털(Venture Capital)'이 가장 많이 쓰인다. 줄여서 'VC'라고 한다. 여기서 말한 VC는 벤처캐피털펀드와 다르다. VC는 모험을 뜻하는 '벤처'와 자본을 뜻하는 '캐피털'의 합성어다. 모험적인 자본이란 뜻이다. 모험적으로 투자하는 투자기관들을 통칭한다. 반면, 벤처캐피털펀드는 펀드의 투자전략이다. 기업 기술력만 보고 투자한다. 그런데 현실에서는 대중없이 쓰인다.

이들은 용어의 혼용 때문에 자신을 투자 시점에 따라 소개한다. 초기 투자자와 중기 투자자, 후기 투자자다. 초기는 창업단계부터 창업 초기이고, 중기는 성장기부터 성숙기 기업이다. 그리고 후기는 정체기와 쇠퇴기에 있는 기업이다.

투자는 투자 횟수에 따라 시리즈라고 부른다. 1차 투자를 '시리즈 A', 2차를 '시리즈 B', 3차를 '시리즈 C'라고 한다. 혹자는 투자 시점에 따라 구분하기도 한다. 초기를 '시리즈 A', 중기를 '시리즈 B', 후기를 '시리즈 C'라고 한다. 어떻게 구분해야 한다고 정해진 것은 없다. 자신이 편한 방법으로 구분하면 된다.

초창기 C-레벨급 인재들이 시장에 뛰어들었다

대한민국 사모펀드 역사는 생각보다 길지 않다. 1997년 IMF 때로 거슬러 올라가야 한다. 당시 해외 사모펀드가 모습을 드러냈다. 헤지펀드와 사모투자펀드(PEF), 벤처캐피털이 대한민국에 들어왔다. 칼라일과 뉴브리지캐피털, 골드만삭스, JP모건, 론스타, KKR 등이 등장했다. 그리고 기업사냥을 시작했다. 오비맥주를 시작으로 굿모닝증권과 외환은행, 제일은행, 위니아 만도, LG카드, 해태제과, 하나로 통신, 하이마트 등 수많은 기업을 사들였다.

당시 우리는 헤지펀드와 사모투자펀드(PEF), 벤처캐피털이 무엇인지 잘 몰랐다. 게다가 총이 없던 신대륙의 원주민처럼 국부펀드도 없는 상황이었다. 당연히 방어도 하지 못했다. 그렇게 자본의 무기화를 목격하며 자본의 식민지가 됐다.

이후 국부펀드의 필요성을 느끼고 2005년부터 키우기 시작했다. 먼저 싱가포르의 국부펀드 테마섹을 벤치마킹하여 대한민국 국부펀드인 한국투자공사가 설립됐다. 벤처기업 육성을 위한 한국모태펀드도 설립됐다. 그리고 '자산운용업 규제완화 방안'이 시행됐다. 이때부터 국내 토종 사모펀드가 탄생했다. MBK파트너스와 보고펀드, 미래에셋 PEF 등이 나왔다. 또, 좋은 기업을 구별할 수 있는 C-레벨급 인재들이 시장에 뛰어들었다. 최고경영책임자 CEO, 최고운용책임자 COO, 최고재무책임자 CFO, 최고개발책임자 CDO가 그들이다.

사모펀드 시장이 커지자 투자기술도 다양해졌다. 현란한 기술과 규모로 사람을 압도했다. 그래서 투자세계의 예술이라고 불렸다. 그 화려함은 승부사들을 투자세계로 불러 모았다. 변호사와 회계사, 경영

학석사 MBA 등도 시장에 뛰어들어 투자 세계를 주름잡았다. 승부사들과 함께 자금도 몰려들었다. 2016년 한 해에만 사모펀드로 약 50조 원이 쏟아져 들어왔고, 2017년에는 약정액이 60조 원을 돌파했다. 사모펀드가 투자세계를 주도했다.

이제는 사모펀드를 빼놓고 산업 지형을 설명할 수 없다. 우리가 자주 이용하는 회사들의 주인이 이들이기 때문이다. 영화관을 시작으로 쇼핑몰과 보험회사, 가전회사, 게임회사, 바이오회사 등 종류도 다양하게 소유하고 있다.

승부사들은
어떻게 투자하는가

투자절차를 알아야 투자가 편하다

2016년 12월, 〈도깨비〉라는 드라마가 방송됐다. 내용도 재미있었지만, 영상과 음악이 뮤직비디오처럼 아름다웠다. 1부가 끝나기가 무섭게 시청률이 올라갔다. 시청자들은 향후 스토리를 추측하고, 결말까지 해피엔딩으로 끝내는 열성 팬도 나왔다. 3부가 끝나고 예고편에 주인공이 죽는 듯한 장면이 나오자 열성팬들이 제작진에게 죽이지 말라고 아우성이었다. 드라마가 몇 부작인지 모르기 때문이다. 총 16부작인데 4부에서 죽일 수는 없다. 투자도 마찬가지다. 투자 절차를 모르기 때문에 오늘 투자하면 다음 달 결과가 나올 것으로 생각한다.

사모펀드는 절차가 까다롭고 운용 기간도 오래 걸린다. 기업 가치를 평가하는 방법도, 수익을 예상하는 방법도 남다르다. 투자 정보

와 투자 단가, 중도환매 여부는 더 특이하다. 투자 정보는 투자자에게
도 비공개일 때가 있다. 게다가 이미 투자한 1주당 가격도 계속 변경
된다. 가장 힘든 점은 중도환매 여부다. 일반 펀드와 달리 중도환매가
불가능할 때도 있다.

　일반적인 상식으로 이해할 수 없는 일들이다. 하지만 투자절차와
내용을 알면 그들을 이해할 수 있다. 또한 어떻게 수익을 올리는지도
알 수 있다. 투자절차를 간략하게 설명하면 다음과 같다.

　우선 투자금이 필요한 기업들을 찾아다닌다. 그리고 매력적인 기
업에 데이트를 위한 예비협상을 제안한다. 데이트가 끝날 무렵, 집에
서 진지하게 이야기하자고 기업실사를 제안한다. 기업실사가 진행되
는 동안 자산현황을 모두 확인한다. 사무실에 돌아와 수익이 얼마나
나올 것인지 생각하며 투자구조를 설계한다. 둘은 서로가 만족한 계
약서에 사인하고 가족이 된다. 그리고 기업 가치를 높이는 작업이 진
행된다. 가치가 오르면 투자금을 회수하고 둘의 관계가 끝난다.

투자단계

1단계	2단계	3단계	4단계	5단계	6단계
기업발굴 (Deal Sourcing)	예비협상 (Term Sheet)	기업실사	투자구조 설계	기업가치 제고	투자금 회수 (Exit)

투자는 기업발굴을 시작으로 예비협상이 진행된다

투자의 시작은 기업발굴이다. 투자회사는 투자금이 필요한 피투자기업을 찾아야 한다. 이때 인바운드와 아웃바운드 방식이 있다. 피투자기업이 투자회사로 직접 찾아오면 인바운드, 투자회사가 피투자기업을 찾으러 나가면 아웃바운드다. 피투자기업은 투자금을 받기 위해 투자회사를 상대로 사업설명회(IR)를 한다. 투자회사는 화답으로 투자의향서(LOI)를 전달한다. 투자의향서의 의미는 "사업이 흥미롭군요. 더 자세하게 알고 싶어요. 단, 투자하겠다는 뜻은 아니에요"다. 법적 효력이 없는 SNS의 '좋아요' 버튼을 클릭한 정도일 뿐이다.

만약 사업성이 있다면 예비협상을 시작한다. 예비협상에서는 투자를 위한 배타적 협상권, 정보보호협정(NDA), 기업실사 방법 등의 기본적인 사항만 결정한다. '배타적 협상권'은 협상이 진행되는 동안 타 기관과 투자협상을 진행할 수 없다는 내용이다. '정보보호협정'은 실사를 통해 알게 된 피투자기업의 내부정보와 투자 단가, 기타 정보를 보호하겠다는 내용이다. 심할 경우 펀드에 투자한 고객에게도 정보를 알릴 수 없다. 기타 협상이 끝나면 양해각서(MOU)를 체결한다. 양해각서의 의미는 "우리 같이 사업할 생각입니다. 단, 꼭 한다는 뜻은 아니에요"다.

기업의 가치는 평가기관마다 다르게 나온다

다음은 투자를 받는 피투자기업에 직접 방문하여 조사하는 단계다. 이제 투자회사가 피투자기업에 '데이터 룸 개방'을 요구한다. 기업 가치를 평가하기 위한 모든 정보를 공개하라는 뜻이다. 종류는 '회계 자료'와 '비회계자료'로 대분류되고, 각각 세부항목으로 나뉜다. 회계 자료는 수치적인 가치를 평가하는 반면, 비회계자료는 잠재적인 가치를 평가한다.

우선 회계자료를 이용해 기업 가치를 구한다. 평가 방법에는 자산 가치평가, 상대가치평가, 수익가치평가가 있다. 과거를 기초로 하면 자산가치, 현재를 기초로 하면 상대가치, 미래를 기초로 하면 수익가 치다.

첫째, '자산가치평가'는 과거에 발생한 자산과 부채를 기초로 한 장 부상 가치다. 기업을 청산하거나 인수했을 때 얼마에 거래되는지를 본다. 단점은 장부상 자산이 없으면, 기하급수적인 기업도 가치가 없다고 판단한다. 분석 종류는 장부가치, 청산가치, 시가평가가치가 있다.

둘째, '상대가치평가'는 현재 동일한 기업과 비교하는 방법이다. 규모와 수익이 동일한 기업의 가치가 100억 원이니, 피투자기업도 100억 원이라고 판단한다. 단점은 100% 동일한 기업을 찾기가 힘들다. 비교 자료는 주가수익비율(PER), 주가매출액비율(PSR), 주가순자산비율(PBR)이 있다.

셋째, '수익가치평가'는 미래에 창출할 수익을 예상하여, 현재가치를 구하는 방법이다. 미래에 예상되는 수익이 100억 원이고, 100억 원을 현재가치로 따지면 70억 원이다. 현재 수익이 70억 원인 기업들의 가치가 200억 원이니, 피투자기업도 200억 원이라고 판단한다. 또는 수익에 업종 평균 배수를 곱한다. 수익 70억 원에 업종 평균 배수 3을 곱한 결과 210억 원이 나왔다면, 210억 원을 기업가치로 판단한다. 단점은 미래 수익을 예상한 것이기 때문에 변동성이 크다. 분석방법에는 배당할인모형, 경제이익모형, 현금흐름할인법이 있다.

회계자료에서 기업가치는 모두 다르게 나온다. 예를 들면 자산가치 1억 원, 상대가치 10억 원, 수익가치 100억 원과 같은 식이다. 해석하면 이렇다. "현재 동일한 기업들의 가치가 시장에서 10억 원에 거래된다. 계획대로 회사가 성장하면 회사가치는 100억 원이 될 것이다. 만약 기업이 망하면 자산을 팔아 1억 원은 건질 수 있다."

이제 중요도에 따라 사람마다 다른 가치를 정한다. 담보가 중요한 은행은 자산가치 1억 원에 치중하고, 매매가 중요한 증권사는 상대가치 10억 원에 치중한다. 그리고 수익성이 중요한 투자기관은 수익가치 100억 원에 치중한다. 이렇게 투자기관마다 다른 평가금액이 정해진다.

회계자료 평가 종류

과거 자산가치	현재 상대가치	미래 수익가치
장부가치	주가수익비율(PER)	배당할인모형
청산가치	주가매출액비율(PSR)	현금흐름할인법(DCF)
시가평가가치	주가순자산비율(PBR)	경제이익모형(EP Model)

수치를 근거로 한 회계자료 평가가 끝났다. 이번에는 잠재적 가치 평가를 위한 비회계자료 평가를 살펴보자. 비회계자료 평가에서는 외부적인 환경과 내부적인 환경을 조사하고 회계자료에 나타나지 않는 위험요소와 가능성을 찾아야 한다.

우선 외부적인 환경부터 살펴본다. 글로벌 산업동향이 좋아야 하고 상품을 거래할 시장도 커야 한다. 시장 진입장벽은 높고, 경쟁자와 대체재는 없을수록 좋다. 합리적인 가격으로 소비자 욕구를 충족해야 한다. 사업이 법적으로 문제가 없어야 한다.

다음은 내부적인 환경이다. 회사 시스템은 효율적이고 투명해야 한다. 경영자의 경영능력과 인품이 좋아야 한다. 기술은 추격하기 힘들어야 한다. 많은 직원이 기술을 보유해야 하고, 새로운 기술을 지속

비회계자료 평가 요소

외부적 요인	경제	경제동향, 경제방향
	시장	시장규모, 경쟁강도, 시장성
	법률	법률 위반 및 가능여부
	세무	세무 위반 및 가능여부
내부적 요인	기업	조직구조, 투명성, 효율성
	기술	기술력, 경쟁력, 타당성
	경영진	신뢰도, 인성, 경영능력
	직원	기술인력, 업무력, 창조성
	기타	비즈니스 인맥 등

적으로 개발할 수 있어야 한다. 추가로 대표의 개인적인 비즈니스 인맥과 과거 행적 등 수집할 수 있는 모든 정보를 수집한다. 만약 새로운 기술의 제품이 출시대기 중이라면 잠재가치는 더 커진다.

비회계자료 평가가 끝나면 회계자료들과 비회계자료들을 참고로 프리밸류와 포스트밸류가 결정된다. '프리밸류'는 투자하기 전 기업 가치이고, 투자한 후 기업 가치를 '포스트밸류'라 한다. 이것을 근거로 수익을 짐작할 수 있다. 쉽게 예를 들어보자.

A사는 신제품 출시를 앞둔 기업이다. 투자 전의 프리밸류는 10억 원이었다. 신규투자로 인해 포스트밸류는 20억 원이 됐다. 신제품 출시 이후 엑시트밸류는 100억 원이 될 것이라 예상된다. 20억 원짜리가 100억 원이 됐다면 5배가 오른 것이다. 즉, 원금을 포함한 수익을 5배로 예상한다는 뜻이다.

이때, 기업 가치를 주식 수로 나눈 값이 1주당 가격이다. 20억 원짜리 기업의 주식 수가 총 10주라면 1주당 가격은 2억 원이다.

"기업가치 20억 원 ÷ 주식 수 10주 = 1주당 2억 원"

기업 가치 구분 예시

구분	투자 전	투자 후	
	프리밸류	포스트밸류	엑시트밸류
기업가치	10억 원	20억 원	100억 원

하지만 피투자기업은 계속 신규투자를 유치한다. 그리고 새로운 주식이 추가 발행된다. 주식이 추가발행 되면 기존 투자자들도 지분율을 보호하기 위해 주식을 요구한다. 또한, 주식 수를 늘리는 증자와 주식 수를 줄이는 감자도 반복된다. 50만 주를 가지고 있어도 시간이 흐르면서 100만 주가 될 수 있고 33만 주가 될 수 있다. 이렇게 주식 수와 1주당 가격이 계속 변경된다. 따라서 초기에 1주당 2만 원에 투자했어도, 향후 주식 수에 따라 1주당 1만 원 또는 3만 원으로 변경될 수 있다. 다시 말해, 변경된 주당 가격이 수익률을 뜻하는 것은 아니다.

풀이하면, 사모펀드는 1주당 가격보다 총 지분율이 중요하다. 기업 가치는 얼마이고, 지분은 얼마나 보유했는지 봐야 한다. 기업 가치가 상승하면 지분율에 따라 투자 수익도 올라가기 때문이다.

기업분석이 끝나면 투자회사 내부 회의에서 시장성과 수익성, 성

주식 수 및 지분율에 따른 가격 변화 예시

구분		2000년	2001년	2002년	2003년	2004년
기업가치		100억 원	96억 원	98억 원	100억 원	99억 원
주식	주식증감	*	+ 증자	− 감자	+ 증자	− 감자
	주식 수	50만 주	80만 주	70만 주	100만 주	33만 주
	주당가격	2만 원	1.2만 원	1.4만 원	1만 원	3만 원
지분	지분율	10%	10%	10%	10%	10%
	투자자산	10억 원	9.6억 원	9.8억 원	10억 원	9.9억 원

공 가능성 등을 판단한다. 결과가 우수하다면 피투자기업에 투자확약서(LOC)가 전달된다. 투자확약서는 이전 서류들과 다르게 법적인 효력을 갖는다. 이렇게 투자의 전반전이 끝났다. 이제 승패를 가를 중요한 후반전이 남았다.

투자구조를 설계할 때 옵션이 추가된다

사모펀드는 투자 고수들의 집합이다. 절대수익 또는 고수익이 목표다. 하락과 상승 양방향에 베팅하여 평균적인 절대수익을 추구하거나, 상승에 베팅하고 옵션을 이용하여 고수익을 추구한다. 이외에도 그들에게는 특별한 무엇인가가 있다. 이제부터 그 특별한 이야기를 하려 한다.

투자심사 담당자는 기업 가치평가 이후 전략회의를 시작한다. 수익을 극대화해야 하고, 투자금 회수도 고려해야 하기 때문이다. 투자금을 어디에 어떻게 투자할까? 내용은 다음과 같다.

첫째, 전략적 투자(SI)와 재무적 투자(FI) 가운데 어떤 투자를 할 것인지 결정한다. 전략적 투자는 경영에 참여하고, 재무적 투자는 수익만을 생각하는 포지션이다. 추가로 피투자기업에서 발생한 위험을 회피하기 위해 특수목적법인(SPC)을 설립하거나, 피투자기업 자산을 담보로 대출을 받는 차입매수(LBO)를 계획한다. 이외 특허(IP)를 이용한 경쟁사 압박, 채권을 주식으로 전환한 후 경영권 행사, 다른 펀드와 공동 투자 등 다양한 스킬을 구상한다.

둘째, 어디에 투자할 것인지 투자 대상을 선정한다. 대표적으로 영화, 축제, 음악 등의 특정 사업에 자금을 지원하고 수익을 배분하는 '프로젝트'와 권리의 양도차익을 목적으로 하는 '주식'과 '채권'이 있다. 주식과 채권은 보통주, 우선주, 전환상환우선주(RCPS), 신주인수권부사채(BW), 전환사채(CB), 교환사채(EB) 등이 있다. 투자 대상 가운데 전환상환우선주와 전환사채를 특히 선호한다.

'전환상환우선주(RCPS)'는 주식이지만 채권처럼 배당과 만기가 있다. 추가로 다른 주식으로 전환도 가능하다. 단점은 피투자기업에 잉여자금이 없다면 상환을 연기할 수 있다. 피투자기업에 잉여자금이 있을 때만 상환을 청구할 수 있다는 뜻이다.

'전환사채(CB)'는 채권으로 만기까지 이자를 받다가 주식으로 전환할 수 있다. 만기시점에 사전 합의된 주식가격보다 실제 시장가격이 높다면, 주식으로 전환해 양도차익을 본다. 피투자기업은 상환 청구가 있으면 무조건 상환해야 한다.

셋째, 어떤 포지션으로 어디에 투자할 것인지 정했다면, 이제 어떻게 투자할 것인지 정한다. 안전하게 투자금을 회수할 방법이어야 한다. 앞으로 어떤 위험이 펼쳐질지 아무도 모르기 때문이다. 임직원들이 투자된 자금으로 급여 잔치를 할 수 있다. 대박이 터졌는데 대표가 수익을 독식할 수도 있다. 사업 방향을 초기 계획과 다르게 변경할 수도 있다. 최악의 경우는 피투자기업이 망하는 것이다. 그래서 옵션을 걸어둔다. 예를 들면 다음과 같다.

계획한 일정대로 진행되지 않으면, 기업 인수합병(M&A)에 승인한다. 채권을 주식으로 전환했는데 시장가격보다 높다면, 주식가격을 낮추거나 전환비율을 조정한다. 경영상 중대한 과실로 손해가 발생했다면, 투자 원금과 추가 금액을 지급한다. 이외에도 숨이 턱턱 막히는 다양한 옵션들이 있다. 정도가 심한 옵션을 독소조항이라고 부른다. 계약서를 보면 절대 손해 볼 수 없다는 강한 의지를 느낄 수 있을 정도다.

투자 대상과 옵션

구분	종류	내용
프로젝트	재개발, 영화, 축제 등	특정사업에 자금지원 후 수익배분
주식	보통주	경영권이 있는 주식
	우선주	배당과 청산에 우선하여 분배
	전환상환우선주(RCPS)	투자금을 만기에 상환 받거나 보통주로 전환
채권	신주인수권부사채(BW)	사전에 약정된 조건으로 신주 구입
	전환사채(CB)	신주발행 없이 사채를 주식으로 전환
	교환사채(EB)	상장된 기업의 사채를 기존 주식으로 교환
옵션	콜옵션	살 수 있는 권리
	풋옵션	팔 수 있는 권리
	리픽싱옵션	주식가격을 낮추거나 전환비율 조정
	시기결정옵션	사업환경 변화에 따라 투자시기 및 금액 조정
	청산우선권옵션	기업 부도 시 우선하여 청산

투자구조 설계 이후 여러 차례 협상이 진행된다. 서로에게 유리한 조건과 옵션, 투자 기간을 밀고 당긴다. 협상 기간은 경우에 따라 1년을 넘길 수도 있다. 협상이 끝나면 정식 투자계약이 체결된다. 매매계약서와 주주 간 계약서가 오고 간다. 끝으로 투자금은 '마일스톤' 방식으로 지급된다. 한방에 송금하는 것이 아니라 기간을 두고 진행 상황별로 나누어 지급한다는 뜻이다.

수익을 높이기 위한 기업가치 제고 전략을 펼친다

좋은 기업에 투자했다면 이제 손 놓고 기다리면 될까? 사업은 사업가의 열정과 기술만으로 성공할 수 없다. 기업을 육성하고 가치를 높여야 한다. 그래서 본격적인 게임은 이제부터 시작이다. 게임의 승패는 플랫폼에 달렸다. 플랫폼에 따라 승률이 결정된다. 때문에 플랫폼이 가장 중요하다.

투자기관은 바이오기업, 광고기업, 제조기업, IT기업 등 다양한 기업을 소유하고 있다. 다양한 기업들이 플랫폼을 구성하는 콘텐츠가된다. 콘텐츠의 질이 높을수록 인큐베이션과 액셀러레이션이 큰 힘을 발휘한다. 사무실과 기계를 제공하는 하드웨어적 지원을 '인큐베이션'이라 하고, 기술과 노하우를 제공하는 소프트웨어적 지원을 '액셀러레이션'이라 한다.

부족한 기술이 있다면 필요한 기업을 연결해주고, 새로운 기업을 인수해 합병도 시킨다. 그뿐만 아니라 인력도 파견하고, 새로운 사업도 함께 추진한다. 나아가 소유한 기업 간 시너지를 이용한다. 스무디 킹 쿠폰을 교보문고에서 팔도록 한 '스탠다드차타드'처럼 말이다.

투자기관은 자금만 지원하는 집단이 아니다. 전략을 구상하는 전문 투자집단이다. 그들은 든든한 동반자이자 보호자가 되고, 그들의 플랫폼은 다이아몬드 원석을 다이아몬드 보석으로 가공한다. 이것이 승률을 올리는 그들의 '기업가치 제고' 전략이다.

투자의 끝은 투자금을 회수하는 '엑시트(Exit)'다

기업 가치를 올리기 시작한 지 몇 년이 흘렀다. 계절이 수십 번 바뀌는 동안 투자자의 환매요청이 있어도 들어줄 수 없었다. 피투자기업과 계약한 투자 기간 때문이다. 하지만 길고 길었던 시간도 언젠가는 끝이 난다. 어느덧 작별해야 하는 시간이다. 이제 투자의 대미를 장식할 출구전략을 펼칠 차례다. 투자금 회수를 '엑시트(Exit)'라 하고, 엑시트를 잘하는 투자회사를 '스타플레이어'라 부른다.

엑시트 방법은 타 기관에 매도하는 외부 매각, 투자회사 내부에서 청산하는 자체 매각, 상장을 통한 장내 매각이 있다. 세부 내용은 다음과 같다.

첫째, 외부의 다른 투자회사에 매각한다. 투자기관의 일반적인 엑시트 방법이다. 피투자기업을 타 기관과 기업 인수합병(M&A)을 시킨다. 또는 다수의 기관을 대상으로 동시에 인수협상을 진행하고, 다수의 기관에 각각 나눠서 매각한다. 종류는 상장하기 전에 다수의 기관을 대상으로 하는 기업공개(pre-IPO)와 클럽딜, 블록딜이 있다. 종종 감자를 활용하기도 한다. 피투자기업 자산을 매각하면 피투자기업에 자본금이 쌓인다. 쌓인 자본금으로 투자회사가 보유한 주식을 사들인다. 피투자기업은 자본금으로 사들인 주식을 소각(감자)하고, 투자회사는 투자금을 회수한다.

둘째, 투자회사 자체 매각이다. 투자한 기업이 시장에서 팔리지 않을 때 사용하는 방법이다. 종류는 투자회사 내부자금으로 청산하는 '리켑', 새로운 펀드를 만들어 기존 펀드를 청산하는 '세컨더리펀드', 주식 또는 채권 자체를 분배하는 '현물청산'이 있다. 비상장기업 주식을 현물로 받을 경우 증권사 주식계좌로 주식이 입고된다. 이때 주식

투자금 회수, Exit

구분	종류	내용
외부매각	상장 전 기업공개(pre-IPO)	상장하기 직전 pre-IPO 매각
	기업 인수합병(M&A)	타 기관에 인수합병 매각
	클럽딜 및 블록딜	다수 기관과 동시협상 후 매각
	피투자기업 감자	피투자기업 자산 매각 후 감자를 통한 회수
자체매각	세컨더리펀드	새로운 펀드로 기존 펀드 청산
	현물청산	주식 또는 채권 자체를 현물로 청산
	리켑	투자회사 자체 자금으로 청산
상장매각	일반상장(IPO)	장내 매각. 기업공개 또는 IPO라고 함
	특례상장	우수한 기술력으로 상장 후 장내 매각

가격은 매수한 가격이 아니라 주식 권면에 표시된 액면가로 표시된다. 상장해야 시장가로 표시된다. 때문에 비상장 주식을 받으면 매수한 금액이 아닌 주식 수가 맞는지 봐야 한다.

셋째, 상장을 통한 장내 매각이다. 상장 후 불특정 다수에게 주식을 매각한다. 상장 종류는 까다로운 상장 조건을 충족한 일반상장, 상장 조건은 되지 않지만 우수한 기술력 하나로 상장하는 특례상장 등이 있다. 이때부터 전문투자형 사모펀드(구 헤지펀드)는 투자전략 사용이 가능할 경우 주식공매도와 선물옵션 등을 시도한다.

개인이 신규 상장된 주식에 투자할 때 주의사항이 있다. 신규 상장회사는 거품도 없고 깨끗하다고 인식된다. 그래서 공모주 청약을 하는 날이면 개인들이 몰려든다. 상장 첫날 폭등하는 주가를 상상하면서 주식을 청약한다. 하지만 막상 상장하면 어떤 종목은 하락하고, 또 어떤 종목은 상승한다. 왜일까? 기관에서 주식을 대량으로 매도하기 때문이다. 대량으로 매도하면 아무리 마음을 굳게 먹어도 버티기 힘들다. 주가가 계속 떨어지고 있어도 매몰차게 매도한다. 여기에 개인이 기관을 이길 수 없는 이유가 있다. 그들은 오래전에 투자해서 주식을 보유하고 있기 때문이다. 아주 저렴한 가격으로 대량을 보유한 것이다. 따라서 투자금 회수가 시작되면 하락하는 종목이 나온다. 상장한 후 주식이 하락한다고 해도 이익이다. 신규 상장회사도 주가가 하락할 수 있다는 점을 잊지 말자. 또, 상장기업은 주식 가격을 보고 판단하면 안 된다. 주식 가격보다 시가총액(주식 가격의 총 합)을 봐야 한다. 예를 들어보자. 순이익이 동일한 기업이 있다. A기업은 시총 100억 원에 주가 1백 원이다. B기업은 시총 2억 원에 주가 20만 원이다. 주가는 B기업이 더 비싸지만, 돈은 규모에 비해 B기업이 더 잘 번다. B기업이 더 싸다는 뜻이다. 이제부터 주가를 보고 "싸다" 또는 "비싸다" 판단하지 말자.

리스크 관리의 기본,
기업의 생애를 파악하라

기업을 알면, 수익률이 올라간다

자동차가 없던 시대. 한평생을 바다에서 지낸 어부가 있었다. 그는 바다도 지겹고 태풍도 무서워서 업종을 바꾸기로 결심했다. 눈에 들어온 사업은 동물농장이다. 주위에 닭을 키우는 사람들이 많았는데, 닭과 경쟁할 신선한 아이템이 떠올랐다. 바로 오리농장이다. 오리알은 달걀보다 크기와 영양가, 맛에서 경쟁력이 있었다. 곧바로 어선을 팔아 오리농장을 시작했다. 하지만 얼마 지나지 않아 농장이 망해버렸다. 오리알을 회수할 수 없었기 때문이다. 오리는 닭과 달리 알을 무책임하게 낳는다. 수중분만 하듯이 물속에서도 낳는다. 오리의 특성을 알았다면 위험관리를 미리 할 수 있었을 것이다.

투자는 어떤가? 기업의 특성을 알고 있는가? 투자도 기업의 특성을 알아야 손실을 줄일 수 있다. 어떤 위험과 기회가 있는지 기업의 시작부터 끝까지 기업의 생애에 대해 알아보자.

　기업은 창업과 동시에 등산하듯 성장기를 경험해야 한다. 다양한 위험을 극복하고 먼 길을 가야 한다. 그런 기업에 투자하려면 먼저 기업의 성장기를 6단계로 구분할 수 있어야 한다. 창업을 준비하고 실행하는 '창업단계', 기술을 개발하는 '창업초기', 상품을 출시하는 '성장기', 상품이 널리 알려진 '성숙기', 더 이상 성장하지 않는 '정체기', 경쟁력을 잃은 '쇠퇴기'를 겪게 된다. 이런 성장 과정을 '기업 라이프 사이클'이라 한다.

기업 라이프사이클

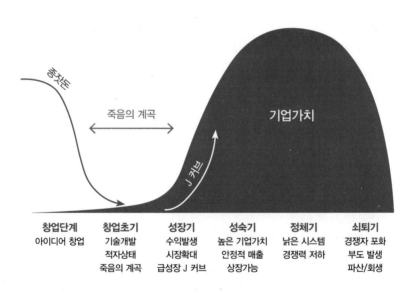

창업단계	창업초기	성장기	성숙기	정체기	쇠퇴기
아이디어 창업	기술개발	수익발생	높은 기업가치	낮은 시스템	경쟁자 포화
	적자상태	시장확대	안정적 매출	경쟁력 저하	부도 발생
	죽음의 계곡	급성장 J 커브	상장가능		파산/회생

창업단계와 창업초기는 적자가 당연하다

매미의 계절이 시작될 즈음 나에게 의뢰가 들어왔다. 사내 벤처기업 창업을 위한 '사내벤처규정'을 만들어달라는 것이다. 사내 벤처로 기업을 먹여 살릴 계획인데, 확실한 보상과 권리, 책임을 명확하게 구분할 규정이 필요하다고 했다. 한참을 작업 중인데 한 직원이 살며시 다가왔다. "벤처기업을 창업하면 수익은 언제까지 나와야 하고, 적자가 나오면 어떻게 되나요?" 오해가 있는 것 같다. 소상공인과 벤처기업은 차이가 있다. 식당은 창업하면 바로 수익이 나온다. 반면, 벤처기업은 기술을 개발한 후 상품 출시가 돼야 비로소 수익이 나온다. 상품이 나오기까지 기간도 오래 걸린다. 새로운 기술을 개발하는 기간도 수년이 걸리고, 판매처를 확보하는 기간도 수개월이 걸린다.

결론적으로 기술 개발비용은 알 수 있지만, 상품 출시 일정과 수익은 알 수 없다. 또한 상품 출시 전에는 수익이 없어 오랜 기간을 적자 상태로 보내게 된다. 그 기간 기업가치도 낮게 평가되고, 항상 자금난에 허덕이며 투자자를 찾아다녀야 한다. 이것이 창업초기의 일반적인 모습이다.

기업 성장에는 꼭 필요한 요소가 있다. 기술 개발을 위한 자금 조달이다. 대부분 창업자금은 종잣돈(Seed Money)으로 시작한다. 하지만 창업초기에는 종잣돈이 빠르게 줄어든다. 제품을 출시하는 성장기가 되기 전에 바닥을 들어낸다. 자금이 없으면 시장진출도 못 해보고 사업을 접어야 한다. 자금이 없는 이 기간을 '죽음의 계곡(Death

Valley)'라고 부른다. 죽음의 계곡만 지나면, 성장기 진입과 함께 따스한 봄날이 찾아온다. 때문에 투자자를 찾는 일도 기술개발만큼 중요하다.

가끔 신생기업이 몇 백억 원의 투자를 받았다는 뉴스가 보도된다. 멋진 사진과 함께 성공한 사업가로 소개되기도 한다. 자금을 조달하는 것도 경영자의 능력이다.

현명한 경영자의 차이가 여기에 있다. 그들은 반대로 행동한다. 프로는 투자를 최소한만 받고, 아마추어는 최대한 많이 받는다. 투자가 마냥 좋은 것은 아니기 때문이다. 기업에 투자한 사람들은 투자 전문가다. 눈먼 돈이 아니라 목적이 있는 돈이다. 투자를 받으면 그만큼 지분을 넘겨야 한다. 그런데 창업 초기는 기업 가치가 가장 낮을 때다. 제품이 출시되면 기업 규모는 커지고, 기업 가치는 폭발적으로 성장할 것이다. 즉, 기업 가치가 가장 낮을 때, 가장 낮은 가격으로 지분을 넘긴 것이다.

따라서 투자를 받을 때는 항상 조심해야 한다. 계약서도 꼼꼼하게 살펴보고, 지분도 생각해야 한다. 하지만 가난 앞에 장사 없다. 눈앞에 돈이 보이면, 그동안 고생이 주마등처럼 스쳐 지나가고 투자 규모를 조절하기가 힘들다.

그럼 투자자는 어떻게 만나야 할까? 대단한 기술이 있지 않고서야 투자회사를 찾아다녀야 한다. 데모데이, VC포럼, 엔젤클럽, 투자클럽 등의 발표행사도 있다. 이때 경영자의 발표력이 매우 중요하다. 투자자들 앞에서 기업설명(IR)을 해야 하기 때문이다. 발표시간은 5~10분이다. 상황에 따라 4분이 될 수도 있고, 15분이 될 수도 있다. 좋은 사업을 매력적으로 발표해야 투자자가 늘어난다. 그렇게 수많은 투자회사를 찾아다니다 보면, 어느 날 투자의향서(LOI)를 받게 된다.

수익이 나오는 성장기, J 커브

제품이 출시되면 새로운 문제에 직면한다. 소비자의 선택을 받지 못할 수도 있기 때문이다. 출시 사실을 몰라서, 필요가 없어서, 기능이 떨어져서, 가격이 비싸서, 대체상품이 있어서, 경쟁사 제품의 충성도가 높아서, 법률에 어긋나서, 국가 정책이 변경돼서……. 생각하지 못한 변수들이 튀어나온다. 이런 문제는 미리 대처할 수도 있고, 못할 수도 있다. 이러한 문제들을 해결하는 것이 경영자의 또 다른 경영능력이다.

신생 스타트업 기업이 문제 해결을 위해 가장 많이 쓰는 방법이 있다. 완벽한 상태가 아닌 최소 요건만 갖춘 상태의 제품을 빠르게 출시하여 시장에 판다. 소비자 반응을 살피면서 소비자가 요구하는 방향으로 상품을 개발한다. 해마다 기능이 추가되어 나오는 스팀다리미처럼 말이다. 이러한 방식으로 개발 기간과 각종 위험을 줄일 수 있다. 이것을 린 스타트업(Lean Startup) 전략이라 한다.

제품이 시장에 팔리기 시작하면, 그동안의 상황과는 많이 달라진다. 처음으로 수익이 나오고, 현금흐름이 손익분기점에 도달한다. 이후 판매량이 늘어남에 따라 이익도 증가한다. 다양한 기업에서 러브콜도 들어오고 업무협약도 맺는다. 때문에 수익이 나오면 기업 가치가 폭발적으로 올라간다. 좋은 일자리에 취업하면 맞선자리가 줄을 서는 것처럼 말이다. 이러한 성장기의 폭발적인 성장을 'J커브'라고 한다. 성장하는 그래프가 영문 'J'를 닮았기 때문이다.

폭발적인 성장과 함께 수익은 필수적이다. 제품을 홍보할 광고도 해야 하고, 해외 시장에 진출할 준비도 해야 한다. 수요를 고려한 공장 증설과 기계 구입도 필수다. 때문에 투자자와 다시 투자 협상을 해야 한다. 창업 초기보다는 더 수월하고 더 좋은 조건으로 투자를 받을 수 있다. 투자를 받으면 새로운 주식을 발행하고 지분을 넘기게 된다.

이때, 투자유치를 위해 기존 주주들의 주식을 소각(감자)할 수도 있다. 추가 투자자 입장에서 동일한 투자금 대비 더 많은 지분을 소유할 수 있기 때문이다. 예를 들면 다음과 같다.

A벤처기업은 자본금이 100억 원이다. 투자회사가 이 기업에 50억 원을 투자하면, 자본금은 총 150억 원이 된다. 투자회사는 50억 원을 투자하고 33% 지분을 확보할 수 있다. 투자 전, 주식을 소각(감자)하면 상황이 달라진다. A벤처기업 자본금 100억 원 중 50억 원으로 기존 주주들의 주식을 사들여 소각(감자)한다. 자본금은 주식소각(감자)을 통해 100억 원에서 50억 원이 됐다. 자본금 50억 원인 A벤처기업에 50억 원을 투자하면, 자본금은 총 100억 원이 된다. 투자회사는 50억 원을 투자하고 50% 지분을 확보할 수 있다.

성숙기에 기업공개(IPO)를 생각한다

다음은 성숙기로 접어든다. 창업 초기와 비교하면 기업 가치가 수백 배가 올랐다. 제품이 시장 확대에 성공해 널리 유통된다. 수익이 높아진 만큼 인지도 또한 높아진다. 하지만 돈이 되면 꼭 따라 하는 사람들이 있다. 경쟁자가 등장하여 더 좋은 기술과 낮은 가격으로 추격한다. 경쟁자가 늘어나면 늘어날수록 매출과 이익이 줄어든다. 이익이 줄어들긴 했지만 그래도 성장을 하기는 한다. 폭발적인 성장도 이렇게 끝이 난다.

그래서 끊임없는 연구와 개발이 필요하다. 경쟁에서 이기기 위해 품질을 개선해야 한다. 추가로 소비자 욕구와 시장 흐름을 분석하여, 차기 제품도 준비해야 한다. 즉, 계속 투자를 받아야 한다는 뜻이다. 이때 즈음 경영자는 고민에 빠진다. 그동안 투자를 많이 받은 탓에, 기존 투자기관이 과도한 경영권을 소유하고 있기 때문이다. 조금만 더 받으면 회사가 투자기관에 넘어갈 판이다. 경영권을 보호하면서 투자를 받아야 한다. 이때 필요한 것이 바로 기업공개다.

기업공개는 자금조달의 최고봉이다. 기존 투자기관이 아닌 다수의 투자자에게 투자를 받는 방식이다. 지분을 다수에게 분산한다는 뜻이다. 주주들이 단합하지만 않는다면 경영권 방어에 효과적이다. 또한, 새롭게 받은 투자금으로 기존 투자금을 청산할 수도 있다. 기업공개는 2가지로 구분된다. 기관 대상의 '프리IPO'와 개인 대상의 'IPO'가 있다.

기업공개 종류

구분	프리IPO	IPO
기업공개시기	상장 전	상장 후
주요대상	기관 투자자	개인 투자자

프리IPO는 상장 직전에 기관 투자자를 대상으로 하는 자금모집이다. 기관 투자자들이 상장 전에 투자할 수 있는 마지막 기회다. IPO는 일반적으로 상장을 의미한다. 상장 이후부터는 누구나 증권사에서 주식을 자유롭게 거래한다. 자금이 필요한 기업도 불특정 개인에게 주식을 추가 발행하여 자금을 조달할 수 있다.

정체기에는 혁신해야 한다

정체기는 말 그대로 성장이 정체된 시기다. 어느새 회사 시스템이 낡아버린 때를 말한다. 시장에 경쟁자가 넘쳐 경쟁 또한 치열하다. 하루가 멀다 하고 할인행사가 진행된다. 가격 경쟁도 힘든데 소비자도 예전 같지가 않다. 구매하는 순간까지 스마트폰 검색으로 경쟁사 제품과 비교한다. 다행히 충성고객이 있어 유지되는 시기다.

특이한 점도 있다. 처음 겪는 일이 생기기 시작한다. 시간이 갈수록 경쟁이 치열해지는 것은 당연하지만 회사와 상관없는 일로 회사 가치가 좌우된다. 북한에서 미사일을 쐈다는 소식에 주식 가격이 떨어진다. 보도된 뉴스가 사실과 달라 정정을 해도 떨어진다. 회사의 자산과 기술, 계획 등에 변화가 없는데도 떨어진다. 회사 가치는 그대로인데, 주위 상황에 따라 움직인다. 이제 브랜드 가치도 생각해야 한다.

이때가 바로 경영자의 능력을 발휘해야 하는 순간이다. 성숙기부터 준비해온 차기 제품을 출시해야 한다. 그래야 다시 성장기를 맞을 수 있다. 준비한 제품이 없다면 혁신이 필요하다. 위기극복을 위해 혁신적인 기업이 돼야 한다. 하지만 혁신은 새로운 사업을 계획한다고 되는 것이 아니다. 우연히 바지 뒷주머니에서 나오는 것도 아니다. '앙트레프레너(entrepreneur)'가 혁신적인 기업을 만드는 것이다. 혁신적인 기업을 만들기 위해서 앙트레프레너를 찾아야 한다. 앙트레프레너는 애플의 스티브 잡스처럼 창조적이고 혁신적인 사업가를 뜻한다. 이들을 찾아내고 키워내는 방법이 있다. 바로 사내 벤처다.

창조적인 아이디어를 가진 앙트레프레너들을 사내벤처로 창업시킨다. 사업 규모와 수익이 커지면, 사내에서 사외로 분사한다. 이렇게 만들어진 벤처기업들이 모회사를 먹여 살린다. 삼성전자, LG전자, GS, 신한은행, 아모레퍼시픽 등 수많은 기업이 사내 벤처를 운영하는 것도 이 때문이다.

만약 사내 벤처를 키울 수 없다면 벤처기업을 인수합병해야 한다. 새로운 기술을 개발하기보다 인수하는 것이 시간상으로 유리하기 때문이다. 그것도 힘들다면 구조조정이라도 해야 한다. 가슴 아프지만 시스템을 효율적으로 만들고 생산 단가와 경비를 줄일 수 있다면 해야 한다.

혁신을 못하면 쇠퇴기에 부도난다

차기 제품 출시도, 벤처기업 인수도, 구조조정도 못했다면? 혁신의 실패는 쇠퇴기다. 기업의 고질적인 문제가 낳은 결과다. 규모가 있는 기업일수록 심하다. 임직원은 자리를 지키기 위해 위험한 모험을 하지 않는다. 말로만 혁신을 이야기할 뿐 움직이지 않는다. 정립되지 않은 정책, 권위적인 소통구조, 책임지지 않는 지시, 대가 없는 노동……. 이외에도 수많은 문제가 산적해 있다.

이 시기에는 시간과 노력으로 쌓은 신뢰를 잃어버린다. 신뢰가 사라진 회사의 비전은 그저 글자에 불과하다. 비전을 잃은 직원들은 열정적으로 일할 의욕을 잃는다. 일을 하더라도 결과물은 부실할 수밖에 없다. 심지어 직원들이 자진해서 회사를 떠난다. 17세기 말 프랑스 국민이 해외로 이민 갔듯 말이다. 그들에게 혁신은 처음부터 불가능한 목표였다.

충성고객이라도 있으면 다행이지만, 쇠퇴기는 시장 점유율이 점점 줄어드는 시기다. 언제 깨질지 아무도 모르는 살얼음판과 같다. 미국에서 수입품 관세를 올리거나, 중국에서 수입을 금지할 수도 있다. 또, 협력업체에서 주문을 취소할 수도 있고, 외상값을 받지 못할 수도 있다. 문제가 하나라도 터지면 자금이 묶이고 부도가 난다.

부도는 상장폐지 사유에 해당한다. 주식시장에서 퇴출당한다는 뜻이다. 이때도 새로운 투자자들이 나타난다. 기존 투자자들과 새로운 투자자들이 맞붙는다. 기업 가치를 저평가해서 저렴하게 인수하려고 하기 때문이다. 하지만 인수를 거절하면 사업을 청산해야 한다. 따라서 새로운 투자자들이 저렴하게 기업을 인수하고, 경영진과 기존 주주들이 교체된다.

회생절차가 시작되면 구조조정과 기업 가치를 높이는 작업이 시작된다. 그리고 가치가 올라가면 다시 기업을 매각한다. 이렇게 기업의 라이프사이클이 끝난다.

어떻게 벤처투자를 할 것인가

먼저 투자 레코드와 사람의 성품을 확인하라

지금까지 사모펀드의 벤처투자와 기업에 대해 알아봤다. 어떤 내용은 어렵고 이해하기 힘들었을 것이다. 어려워도 몇 번 보다 보면 자연스럽게 나만의 지식이 된다. 이제, 세부 내용과 현장에서 경험한 노하우를 공개하겠다.

어느 날 벤처기업에 투자하라고 연락 왔다면 어떻게 해야 할까? 그냥 믿고 하면 될까? 벤처투자는 부동산처럼 모르면 큰코다친다. 알아보고 해야 사기도 예방하고 수익도 볼 수 있다.

2016년, 비상장주식을 이용한 사기 사건들이 있었다. 피의자 중일부는 TV 프로그램에도 출연하여 투자의 최강 고수인양 재력을 과시했다. 그들만의 공간에서 원금손실 없이 고수익을 주겠다고 유혹하기도 했다. 업계에서는 그들에 대한 수상한 소문이 이미 돌고 있었지만, 투자를 모르던 사람들은 환상의 덫에 걸려들었다. 원금보장을 '유사수신'이라 한다. 유사수신 행위는 불법이다.

반면, 고소 사건에 휘말린 기업 가운데 정말 좋은 곳도 있었다. 소규모 투자기관은 고소 사건에 휘말린 후 한순간 사기꾼으로 전락했다. 법원 판결 전인데도 일부 언론이 단정해서 기사 작성을 했기 때문이다. 그래서 투자 전 뒷조사부터 해야 한다.

첫째, 인터넷에서 '벤처캐피털', '사모펀드', '액셀러레이터', '투자자문' 등의 투자기관을 검색한다. 그리고 투자기관이 정식 투자기관인지 확인한다. 사업자는 사업자등록증 확인 후 해당 감독기관 사이트에서 조회하면 된다. 금융감독원, 한국벤처캐피탈협회, 금융민원센터 등이 있다. 엔젤투자클럽은 엔젤투자지원센터에서 조회하면 된다. 액셀러레이터는 중소벤처기업부에서 조회하면 된다. 참고로 금융회사 조회가 되지 않는다고 불법으로 단정할 수 없다. 정식 투자기관이 아니더라도 각종 특별법에 따라 펀드(투자조합)를 만들어 투자할 수 있기 때문이다. 그래도 정식 투자기관인지 참고하여 투자하길 바란다. 또, 유사투자자문도 정식 금융업종의 한 분야다. 유사수신과 혼동하지 말자.

둘째, 투자증권 또는 투자확인서가 나오는지 확인한다. 본인이 얼마를 투자했는지 적힌 서류가 나와야 한다. 서류는 보험사의 보험증권처럼 계약에 따른 증거물이다. 문제가 있을 때 증거로 사용할 수 있다.

셋째, 투자수익의 소득신고가 되는지 확인한다. 투자수익은 정부에서 정한 경우를 제외하고, 기관 또는 투자자가 소득으로 신고해야 한다. 하지 않으면 법의 심판을 받는다. 그런 중요한 절차가 없다면 그 자체가 비정상이다.

넷째, 투자 레코드를 확인한다. 투자는 태풍 속을 뚫고 항해하는 모험과도 같다. 처음 계획대로 진행되는 경우가 드물다. 끝날 때까지 끝난 것이 아니다. 마치 살아있는 생물처럼 움직인다. 그래서 승부사의 능력이 중요하다. 능력을 확인하는 방법이 바로 '투자 레코드'다. 그동안 투자 결과가 나와 있으니 확인해야 한다.

다섯째, 가장 중요한 부분이 남았다. 사람의 성품을 확인해야 한다. 사기도 해당 분야에 대해 잘 알아야 칠 수 있다. 지식이 없으면 아는 것이 없어서 사기 칠 수가 없다. 다시 말해 전문 지식이 있어야 사기도 칠 수 있다. 그래서 투자 설명 내용보다 그것을 설명하는 사람의 성품이 가장 중요하다.

수익률을 올리고 싶다면 명심하라

앵무새는 사람의 언어를 따라 한다. 사랑한다는 말도 할 수 있다. 하지만 사람의 언어와는 다르다. 사랑의 뜻이 담기지 않은 소리일 뿐이다. 뜻을 모르면 시간이 흘러도 흉내에 불과하다. 투자도 마찬가지다. 의미를 모르고 따라 하는 것은 흉내일 뿐이다. 그러므로 투자로 수익을 올리기 위해서 공부는 필수다. 반드시 공부하고 투자해야 한다.

투자는 어떻게 해야 할까? 금융 전문가들이 하나같이 하는 말과 같다. 가치투자와 장기투자, 분산투자. 이 말을 풀이하자면 다음과 같다.

첫째, 가치투자란 무엇인가? 투자는 미래 어느 시점에 매도해야 한다. 그래서 현재보다 미래 매도 시점의 기업 가치가 중요하다. 기업 가치는 투자를 받으면서 점차 올라간다. 기업은 투자금으로 공장과 기계를 구입한다. 기술을 개발하고 특허도 출원한다. 공장과 기계, 기술이 늘어나면 장부도 두꺼워진다. 따라서 장부상의 가치가 증가하고, 그만큼 회사 가치도 증가한다. 투자를 받으면서 자산이 늘어나는 것이다. 하지만 기술이 형편없다면 투자를 받을 수 없고, 가치 증가도 없다. 즉, 가치를 결정하는 본질인 기술을 봐야 한다. 그래야 악의적인 뉴스가 나와도 흔들리지 않는다.

둘째, 왜 장기투자를 해야 하는가? 기업 라이프사이클에서 봤듯이, 제품을 출시하는 성장기에 급속도로 성장한다. 시장성에 따라 수십 배 또는 수백 배, 수천 배가 될 수도 있다. 하지만 기술개발은 하루아침에 끝나지 않는다. 몇 년이 걸릴지 아무도 모른다. 기술력이 있다면 언젠가 좋은 제품을 출시한다. 그때까지 버텨야 한다. 그래서 여유자금으로 장기투자를 해야 한다.

셋째, 분산투자를 하는 이유는 무엇인가? 우리가 이미 알고 있는 내용이다. 위험을 분산하라는 뜻이다. 모든 기업은 각종 위험에 노출돼 있다. 대기업도 예외는 아니다. 기업 가치는 시장에서 저평가될 수 있다. 투자금을 회수하려는데 기업이 팔리지 않을 수도 있다. 또, 신제품이 소비자에게 외면당해 망할 수도 있다. 투자계약서에 옵션을 걸었다고 해도 기업이 망하면 손실이다. 업계에서는 투자 승률을 '20%, 40%, 40%'라고 한다. 10종목에 투자하면 2종목은 대박, 4종목은 본전, 4종목은 손실이라는 뜻이다. 대박이 터진 2종목이 전체 수익률을 끌어 올린다. 그러므로 위험관리와 수익을 위해 산업과 업종, 종목을 분산해야 한다.

단언컨대 미래는 알 수 없다. 인간도 완벽할 수 없다. 완벽할 수 없다는 것을 인정해야 한다. 언젠가는 손실도 볼 것이다. 투자한 종목들 가운데 실패작도 나올 것이다. 인정하는 순간 여유로워진다. 조바심은 사라지고 실수가 줄어든다. 그래야 투자 원칙을 지킬 수 있다. 가치 있는 기업들에 분산해서 장기투자해야 한다.

가치 있는 기업들에 분산해서 장기투자하면 수익률이 올라갈까? 이것만으로는 수익률을 올리기에 부족하다. 피투자기업이 글로벌 시장으로 확장할 수 있는지 봐야 한다. 상품이 많이 팔릴수록 수익률도 올라가기 때문이다. 국내에서만 활동하는 기업은 국내 시장이 작아 성장성에 한계가 있다. 또, 피투자기업의 경쟁사 상품에 대한 교체 민감도를 봐야 한다. 피투자기업이 뛰어난 성능의 상품을 출시했어도 경쟁사 상품의 충성도가 높으면, 피투자기업 상품의 성능이 아무리 좋다고 한들 팔리지 않을 수 있다. 누울 자리를 보고 다리를 뻗으란 뜻이다.

만약 누군가 다가와 원금손실 없는 고수익 상품이 있다고 한다면? 아직도 그런 말을 믿는가? 지구에 그런 달콤한 상품은 존재하지 않는다. 안전하면 수익이 낮고, 위험하면 수익이 높다. 이것은 변하지 않는 진리다.

자산가들도 자신만의 원칙을 만들어 투자한다

처음 투자를 시작하면 손실의 두려움과 수익의 충동이 실시간으로 교차한다. 좋은 뉴스에 사고, 좋지 않은 뉴스에 팔기를 반복한다. 그리고 100만 원을 가지고 1천만 원을 벌려고 한다. 또, 조바심 때문에 단기 매매가 늘어난다. 시간이 지날수록 손실만 커지고 고액의 수업료를 현장에서 지불하게 된다. 그렇게 지옥으로 가는 지름길 위를 걷게된다.

하지만 자산가들은 다르다. 1억 원을 가지고 100만 원을 벌려고 한다. 남의 말과 뉴스는 참고만 할 뿐이다. 그리고 항상 대범하게 승부한다. 나아가 투자로 재산을 키우고 주식으로 재산을 상속한다. 조금 더 자세히 들어가면 다음과 같다.

첫째, 부화뇌동(附和雷同)하지 않는다. 모두가 알고 있는 정보는 더 이상 가치가 없다. 투자하기 전에는 남을 따라 투자하기보다 자신만의 원칙으로 결정한다.

둘째, 유비무환(有備無患)의 자세를 지킨다. 미래를 정확하게 예측한다는 것은 불가능하다. 언제 어떤 사고가 터질지 아무도 모른다. 투자할 때는 반드시 있을 위험에 대비해 분산투자를 한다.

셋째, 일희일비(一喜一悲)하지 않는다. 뉴스보다 기업 가치를 결정하는 본질에 집중한다. 기술력과 사업성, 비전 등을 중요하게 봐야 한다. 투자 후에는 어떤 뉴스가 나와도 평정심을 유지한다.

넷째, 오상고절(傲霜孤節)을 지킨다. 단기적인 움직임과 이슈는 중요하지 않다. 언제 봄이 시작될 것인지가 중요하다. 서릿발이 날리는 추위에도 가치의 본질을 믿고 수익이 나올 때까지 절개를 지키듯 기다린다.

다섯째, 내시반청(內視反聽)을 할 줄 알아야 한다. 투자 결과에 대해 남 탓을 하기보다 자신을 돌이켜보고 반성하는 자세가 필요하다. 손실을 보면 누군가를 원망하거나 본전을 찾겠다는 생각은 버리고 실패를 겸허히 받아들여야 한다.

수많은 재테크 서적에도 다양한 전략과 전술, 방법 등이 나와 있다. 모두 맞는 말이다. 중요한 점은 투자가 적성에 맞아야 한다. 나와 맞아야 편하게 투자하면서 수익을 올릴 수 있다. 반면, 부정적인 뉴스에 밤잠을 설치거나 손실을 인정할 수 없는 사람은 투자를 하면 안 된다. 명절날 꽉 막힌 고속도로를 운전하는 것처럼 정신건강에 빨간불이 들어온다. 투자보다 저축이 적성에 맞는 사람이다. 그래도 투자를 하고 싶다면 승부사 기질과 안목을 키워야 한다.

투자자(LP)의 최소 투자금액은 100만 원에서 3억 원이다

전통적인 일반 펀드는 각종 규제에 따라 운용된다. 하나의 투자대상에 투자할 수 있는 자금 규모와 투자 스킬이 제한돼 있다. 투자내역과 정보는 일정 기간마다 투자자에게 제공된다. 투자기관 입장에서 보면, 투자 활동이 각종 규제로 인하여 번거로울 수 있다.

반면, 사모펀드는 일반 펀드보다 각종 규제에서 자유롭다. 공시 의무와 정보공개 의무, 투자자 보호 의무도 많이 풀어졌다. 투자정보도 정보보호협정에 포함된 내용이면, 투자자라 하더라도 공개하지 않는다. 투자기관 입장에서 보면, 자금 운용이 편하다.

사모펀드는 법적인 설립형태에 따라 최소 투자금과 투자대상, 중도환매 여부 등의 차이가 있다. 이들의 차이점을 설명하자면 다음과 같다.

첫째, 최소 투자금은 100만 원부터 3억 원이다. 업계 동향을 보니 소액보다는 고액 자산가를 상대하는 듯하다. 정해진 인원수에 많은 자금을 모아야 하니 당연하다. 앞으로 50명 이상 참여하는 공모펀드가 나오면, 소액 투자자들도 더 많이 참여할 수 있다.

둘째, 중도환매 여부는 개방형과 폐쇄형에 따라 다르다. 개방형은 상장주식처럼 언제든지 중도환매가 가능하다. 반면, 폐쇄형은 중도환매가 불가능하다. 투자된 자금은 피투자기업의 부동산 매입과 공장 증설, 기계 구입 등에 사용된다. 공장을 올리는 도중에 "나는 투자를 취소할 것이니 벽돌을 팔아주세요"라고 할 수 없다는 뜻이다.

셋째, 투자기간은 상장기업과 비상장기업에 따라 차이가 있다. 상장기업 투자는 주식을 언제든지 거래할 수 있어서 통상적으로 투자기간이 짧다. 반면, 비상장기업 투자는 주식의 단기 매매를 목표로 하지 않는다. 인수합병(M&A)과 구조조정 등의 기업 성장을 통한 수익 극대화가 목표다. 기업을 성장시키려면 시간이 필요하다. 그래서 투자기간은 통상적으로 3~5년, 길게는 10년을 예상한다. 예상 투자기간은 상황에 따라 변경될 수 있다.

벤처투자용 펀드 비교

구분	사모펀드 (추가 규제 완화 준비 중)		공모펀드 (법안 준비 중)
펀드 이름	전문투자형 사모펀드 (구 헤지펀드 등)	경영참여형 사모펀드 (구 사모투자펀드:PEF)	미정 (가칭: 공모형 사모펀드)
펀드 설립 형태	회사형	합자회사 | 개인투자조합	공모창업투자조합
LP 최소 투자금	1억 원	3억 원 | 100만 원	–
통상 투자기간	단기	3~5년	–
주요 투자대상	상장기업	비상장기업	–
중도환매	폐쇄형만 불가능	불가능	–
인원수 제한	49인 이하	49인 이하	50인 이상
공시	비공시	비공시	–
정보공개	비공개	비공개	–
세제혜택	–	– | 소득공제	비과세 및 소득공제

펀드의 수수료, 관리보수와 성과보수

일반 펀드에 수수료가 있듯 사모펀드에도 수수료가 있다. 종류는 관리보수와 성과보수가 있다.

관리보수는 투자할 때 차감하는 수수료다. 매월 차감할 수도 있고, 가입 당시 1회만 차감할 수도 있다. 가입 당시 1회만 차감할 경우, 예상 운용기간의 관리보수를 모두 합하여 한방에 차감한다. 관리보수가 차감되고 남은 금액이 투자된다. 만약, 예상된 기간보다 빨리 끝났다면, 관리보수 잔액은 일반적으로 다시 환급된다.

성과보수는 투자금을 회수할 때 차감하는 수수료다. 목표수익을 초과한 금액에 대해서만 성과보수가 차감된다. 초과한 금액이 없다면 차감되는 성과보수도 없다.

투자기관은 실력만큼 정당한 노동의 대가를 요구한다. 수수료율은 투자기관의 영향력에 따라 결정된다. 투자기관이 펀드를 관리할

사모펀드 수수료 종류

구분	내용	비고
관리보수	펀드 운용기간 예상되는 총 관리비용 예) 60개월 X 월관리보수0.4% = 총24%	투자금의 약 0~20%
성과보수	목표수익을 초과할 경우, 초과된 금액의 일정비율 차감 예) 실제수익률10% - 목표수익률8% = 2%초과 2% 초과수익에 대한 성공보수50% = 1%차감	초과수익의 약 0~50%

*투자기관의 사내 수수료정책에 따라 다름

일이 없다면 수수료 또한 떨어진다. 하는 일이 많을수록 수수료도 높아진다. 하지만 수수료보다 중요한 것이 통장에 들어오는 실제 수익률이다. 수수료가 높아도 투자자가 받아 가는 수익이 다른 투자처보다 높으면 되기 때문이다.

투자금 회수시 내는 세금과 소득공제

수수료 외에도 내야 할 것이 또 있다. 국민의 의무인 세금이다. 가장 골치가 아픈 부분이다. 돈이 움직이는 곳에는 반드시 세금이 따른다. 주식을 거래할 때와 채권 수익이 나올 때, 각각 상황에 따라 해당 세금이 부과된다.

투자의 세금 종류

구분	내용	비고
증권거래세	비상장기업 주식 거래금액의 일정비율 세금부과 예) 총 거래금액의 0.5%	거래금의 총 0.5%
양도소득세	비상장기업 주식 양도에 따른 차익 발생시 세금부과 예) 법정세율10% + 지방세1% = 11%	수익의 총 11%
배당소득세	이익이 배당에 속할 경우 세금부과 예) 법정세율14% + 지방세1.4% = 15.4%	수익의 총 15.4%
기타소득세	이익이 기타소득에 속할 경우 세금부과 예) 기타소득세20% + 주민세2% = 22%	수익의 총 22%
비영업대금이익	이익이 비영업대금에 속할 경우 세금부과 예) 법정세율25% + 주민세2.5% = 27.5%	수익의 총 27.5%

*대주주 및 대기업 여부 등에 따라 변경될 수 있음

사모펀드는 다양한 대상에 투자하기 때문에 세금 종류가 다양하다. 채권과 주식 가운데 어떤 것으로 회수할지 만기가 되어봐야 알 수 있다. 그래서 투자 초기에 어떤 세금을 내야 하는지 확정하기 어렵다.

참고로 생활보장 대상자는 투자수익이 많으면, 복지자금 지원을 받지 못할 수 있다. 일반인 또한 종합소득이 높아져 피부양자에서 제외되거나 건강보험료가 인상될 수 있다. 1억 원의 수익을 받으면, 당연히 건강보험료도 더 내야 한다.

돈을 계속 내기만 하는 것은 아니다. 소득공제로 세금 환급도 받는다. 투자 촉진을 위해 정부에서 시시때때로 정책도 내놓는다. 피투자기업과 투자기간에 따라 각각 적용된다. 그래서 투자담당자에게 투자종목별로 적용 여부를 확인해야 한다.

펀드 설립 형태에 따른 세제 혜택

구분	투자할 때 출자금 소득공제	회수할 때 주식 양도차익
개인투자조합	- 3,000만 원 이하 100% 소득공제 - 5,000만 원 이하 70% 소득공제 - 5,000만 원 초과 30% 소득공제	- 과세
공모창업투자조합	- 출차금의 10% 소득공제	- 비과세

*참고: 2017년 11월 중소기업부 '혁신창업생태계 조성방안' 세제 혜택(정책에 따라 변경될 수 있음)

벤처투자 최신 동향에 귀를 기울여라

금융시장에 새로운 바람이 불고 있다. 미국처럼 투자 활성화를 위해 각종 규제가 완화되고 있다. 미국의 법률은 포괄주의를 따른다. 법률에는 할 수 없는 것이 나열되어 있고, 그 이외에 모든 것을 할 수 있다. 새로운 사업을 시작하기 좋은 법률 시스템이다. 사모펀드도 전문투자형과 경영 참여형으로 구분하지 않는다. 사모펀드로 통일하여 사용한다.

반면, 대한민국 법률은 열거주의를 따른다. 법률에서 할 수 있는 것을 나열하고, 이외에 모든 것을 할 수 없다. 즉, 규제 때문에 새로운 사업을 하기 어렵다. 그래서 우리도 미국처럼 포괄주의를 도입하기 시작했다. 사모펀드도 미국처럼 통일시키는 작업을 준비 중이다. 또한, 대체투자용 사모펀드가 대체투자용 공모펀드로 변화하고 있다. 일반인도 다양한 방법으로 사모펀드 시장에 참여할 수 있다는 뜻이다. 내용은 다음과 같다.

첫째, 재간접 펀드(Fund Of Fund)다. 다른 펀드에 투자하는 펀드들의 통칭이다. 전문 투자형 사모펀드(구 헤지펀드)에 투자하는 공모펀드가 준비 중이다. '사모투자 재간접 공모펀드'라 한다.

둘째, 공모창업 투자조합이 준비 중이다. 투자전략은 경영 참여형 사모펀드(구 사모투자펀드 PEF)와 동일하게 구사한다. 반면 인원수는 49명 이하로 구성된 사모펀드가 아닌, 50명 이상으로 구성된 공모펀드다.

참고로 사모펀드 시장에 투자하는 신종 금융도 있다. 주식형 크라우드펀딩(Crowd funding)이다. 돈이 필요한 기업과 투자자를 직접 연결한다. 사모펀드는 투자기관이 피투자기업을 직접 관리한다. 하지만 단순하게 자금만 연결하는 크라우드펀딩 기관일 경우, 피투자기업 관리가 되지 않을 수 있다. 크라우드펀딩 기관을 선택할 때, 사모펀드 기관처럼 피투자기업을 관리하는지 확인하길 바란다.

대체투자 분야의 벤처투자

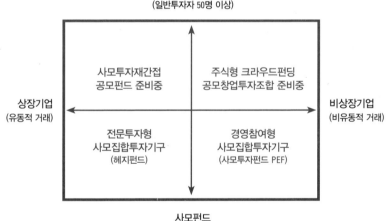

벤처투자가
당신의 인생에
터닝 포인트다!

목적지가 없으면 떠돌 수밖에 없다

혹시 알고 있는가? 대부분의 재벌들은 주식 부자다. 그들은 여타 자산가들보다 주식을 더욱더 적극적으로 활용한다. 주식으로 부를 쌓는 것은 물론이고 사업 상속도 주식으로 한다. 시대변화를 예감한 일반인들도 주식에 투자한다. 그렇다고 마음만 앞서서 무작정 투자부터 하면 안 된다. 2002년 대한민국이 재테크 광풍으로 들썩였다. 그때도 무작정 투자했던 사람들이 피눈물을 흘렸다. 투자하기 전에 반드시 공부부터 해야 한다.

투자 이유는 당연히 더 풍요로운 삶을 위해서다. 누구나 자산가처럼 부유한 인생을 원한다. 하지만 "어떻게 자산가가 됐을까?"에는 관심이 없다. 자산가들은 공통점을 가지고 있다. 그들에게만 있고 우리

210

에게 없는 종이 한 장의 차이. 그 한 장의 차이가 그들을 자산가로 만들어줬다. 그들은 모두 자신의 사업에 인생을 걸었다. 그 결과 찬란한 인생을 살고 있다.

우리는 무엇을 걸었고 어떤 노력을 하고 있는가? 공부와 도전을 즐기고 있는가? 도전이 없다면 성취도 없고, 1년에 책 한 권 보질 않았다면 지식도 쌓을 수 없다. 그래서 자신을 움직일 목표가 필요하다. 가슴이 가장 원하는 목표를 찾고, 목표를 성취한 롤모델을 찾아야 한다. 롤모델에 대한 동경심과 현실의 결핍을 느껴야 성취하고자 하는 욕구가 생겨난다. 그 욕구가 강하면 강할수록 실행력 또한 강력해진다. 아무도 못 말리는 실행력이 인생을 변화시키는 것이다. "나는 2년 뒤에 사업을 시작한다." "1년 뒤에 해외여행을 떠난다." 어떤 목표라도 상관없다. 상상만으로도 즐겁고 심장이 요동치는 목표면 된다.

오늘과 똑같이 살면 내일도 변하지 않는다

혹자는 재물을 원하는 행위를 인간의 추악함으로 치부한다. 내가 만난 누군가는 법정 스님의 '무소유'를 내세웠다. 책에서 읽었다고 자랑스럽게 이야기한다. "가진 자산이 많으면 그만큼 피곤해진다. 고로 자산이 없어야 행복해질 수 있다." 무소유는 그런 뜻이 아니다. 인간은 재물보다 수명이 짧다. 재물을 잠시 보관하는 것일 뿐, 영원히 소유할 수 없다. 따라서 재물의 탐욕은 부질없는 짓이다. 필요 이상의 탐욕이 부질없다는 뜻이지, 모든 재물을 소유하지 말라는 뜻이 아니다. 즉, 인간이 살아가는 데 꼭 필요한 재물은 있어야 한다는 뜻이다.

또 다른 누군가는 재물을 버리라고 한다. 버려야 새로운 것을 얻는다. 좋은 발상이다. 하지만 현실에서는 버릴 것이 있어야 버린다. 대출 때문에 노후가 불안한데 여기서 어떤 것을 버려야 하나? 이 말도 욕심을 버리고 열심히 살라는 의미인 듯하다.

열심히 살다 보면 정말 좋은 날이 올까? 당신은 이미 알고 있다. 월급만으로 미래를 보장 받을 수 없다는 사실을. 단지, 인정하기 싫고 두려울 뿐이다. 오늘과 다른 내일을 원한다면 지금부터 시작해야 한다. 시중에 나와 있는 다양한 책들도 실천이 중요하다고 강조한다. 책 내용이 아무리 좋아도 실천하지 않는다면, 인생에 도움이 되지 않는 죽은 지식에 불과하기 때문이다.

하지만 막상 실행에 옮기기가 힘들다. 마음 한편에 '이러다 좋아지겠지'라는 막연한 기대가 생겨 망설이게 된다. 그래서 아무것도 하지 않는다. 인생의 열쇠는 타인이 아닌 바로 당신이 쥐고 있다. 자신의 인생을 위해 변화하지 않는다면, 어떤 누구도 당신을 도와주지 않는다. 먼저 실천해야 한다. 당신도 할 수 있다.

이것으로 내가 하고 싶은 이야기는 모두 끝났다. 나의 이야기는 간단하다. 세상은 농업사회를 지나 최첨단사회가 됐다. 사람들의 지식수준과 삶의 질은 높아졌고, 부를 축적하는 방법은 달라졌다. 하지만 누군가는 그 좋았던 어느 시대에 갇혀 있다. 시대착오적인 생각은 세상이 변했음에도 낡아 버린 방식을 고수하게 한다. 때문에 변화에 적응하지 못하고 도심 속의 인디언으로 도태된다. 역사는 그렇게 변해왔다. 이제 개천에서 용이 나오던 시대는 끝났다. 앞으로 어떻게 해야 하는가? 책 속에 그 답이 있다.

시간을 쪼개서 책을 읽고 있는 당신은 매우 아름답고 열정적인 사람이다. 부의 지도가 바뀌는 지금, 당신의 사막에도 꽃이 피길 바란다.

고마운 은인에게

집필을 시작한 지 2년이라는 시간이 지났다. 시간이 날 때마다 자료를 수집하고 교정에 교정을 거듭했다. 집필 도중에 포기하고 싶을 때도 있었다. 하지만 인생에서 꼭 해보고 싶은 목표이기에 계속 파고들었다. 그래서 논문만큼 애착이 간다.

책 탈고를 앞두고 업계 전문가들을 인터뷰했다. 먼저 사모펀드 전문가 윤승중 이사님과 시간을 가졌다. 나에게 투자사례를 들려줬다. 실패 사례부터 성공 사례까지 신선한 이야기가 끝없이 나왔다. 사모펀드를 다양한 시각에서 바라볼 수 있었다. 투자자문사 김선관 지점장님은 본인의 경험담을 들려줬다. 투자조합의 독립펀드매니저로서 힘들었던 고충과 사건들이었다. 굽이치는 역경의 연속이었다. 그의 경험담에서 승부사 기질을 느낄 수 있었다. 투자클럽 안용빈 회장님과 증권투자 김서지 팀장님, 엔젤투자 이진세 팀장님 등의 인터뷰가 책을 마무리하는 데 큰 힘이 됐다. 이외에도 일일이 올리지 못한 수많은 은인에게도 가슴 깊이 감사의 마음을 전한다.

특히, 책을 쓰기 시작하고 나서 태어난 3명의 조카. 도현과 은준, 은우와 살갑게 놀아주지 못했는데 벌써 걸어다니니 고맙고 기특했다. 총 7명의 조카들이 집으로 놀러 오면 반가웠고, 돌아가면 편했다. 그래서 더욱 미안했다. 앞으로도 사랑하는 가족들과 건강하고 행복하게 오래도록 살아가길 기도한다. 이 책이 출간되기까지 묵묵히 기다려준 가족들에게 무한한 감사와 영광을 돌린다.

부록

현대인을 위한
금융생활 꿀팁

통장분리, 돈이 쌓이는 시스템이다

돈은 어떻게 모으고 금융상품은 어떻게 가입해야 할까? 또 투자는 어떻게 해야 할까? 현대를 살아가는 이들에게 꼭 필요한 금융지식들이다. 하지만 아는 사람이 드물다. 금융시장 전체에 대한 이해가 필요하다. 그래서 독자들을 위해 노하우를 알려주려고 한다. 알아두면 좋은 자산관리 팁이다. 실제 자산관리에 사용하는 방법이기도 하다.

우선 자산을 분리하고 포트폴리오를 만들어야 한다. 운용기간은 현금흐름을 고려하여 단기와 중기, 장기로 구분한다. 아래 표와 같은 비율로 금융자산을 운용한다. 상품 중도해지로 손실 보는 일은 없을

기간별 금융자산 비율

구분	운용기간	비율
단기	0~3년	50~70%
중기	3~10년	20~30%
장기	10년 이상	10~20%

것이다. 추가로 "아, 이렇게 자산을 굴리는구나"라고 느끼게 될 것이다.

다음은 통장분리다. 재테크 서적에도 빠짐없이 등장한다. 그만큼 중요하다. 통장분리는 현금흐름을 관리하기 위해 필요하다. 현금흐름이 눈에 보여야 연체되는 것을 방지할 수 있다. 충동소비도 막을 수 있다. 가장 큰 장점은 돈이 조금씩 쌓인다는 점이다. 지출을 통제하면 나도 모르게 나가던 푼돈이 통장에 쌓인다. 그렇게 자산이 조금씩 늘어난다.

통장분리를 하지 않고도 소비통제를 잘하는 사람이 있다. 하지만 통제가 어렵다면 통장분리를 해야 한다. 소비를 통제하지 못해 100만 원을 지키기가 힘들다면 1,000만 원도 지킬 수가 없다. 소득이 늘지 않는 한 자산도 늘지 않는다. 자산은 100년이 지나도 그 자리다. 그래서 통장분리가 중요하다.

통장분리는 은퇴를 하더라도 계속 활용하게 된다. 그래서 최대한 단순해야 한다. 무분별하게 많이 만들면 관리만 힘들어진다. 각각의 통장에 잔액알림 서비스를 신청하면 실시간 상황도 알려준다. 한결 편하게 관리할 수 있다. 통장은 급여 통장과 생활비 통장, 공과금 통장. 3개면 충분하다. 통장 용도는 다음과 같다.

첫째, 급여 통장은 소득이 들어오는 통장이다. 모든 소득을 한 통장에 집중한다. 그리고 생활비 통장과 공과금 통장에 매월 자동이체로 일정 금액을 보낸다.

둘째, 생활비 통장은 식사비와 교통비, 용돈 등의 소비성 지출용이다. 용돈 통장이라고 생각하면 된다. 한 달 지출을 어디에 했는지 스스로 확인한다. 다음 달 지출계획도 스스로 잡아본다. 예를 들면 일주일에 10만 원씩 한 달에 40만 원으로 살아보는 것이다.

셋째, 공과금 통장은 세금과 월세, 보험료, 저축 등 반드시 그 달에 나가야 하는 비소비성 지출용이다. 금융회사에서 돈을 매월 빼간다. 이렇게 하면 잔액부족으로 연체될 걱정도 없다.

통장분리

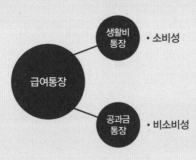

상장주식 투자, 계절을 봐야 한다
어렵다면 ETF와 간접투자가 있다

투자를 하려면 투자할 대상부터 찾아야 한다. 투자의 대상은 국가들과 원자재, 환율, 금리, 기업, ETF 등 대상을 가리지 않아야 한다. 이들은 가격이 개별적으로 움직이기도 하고, 서로 영향을 받아 움직이기도 한다. 그에 따라 주가도 움직인다.

첫째, 국가는 경제대국과 브릭스, 아세안을 주목해야 한다. '경제대국'은 미국, 독일, 일본이다. 이들이 우리의 물건을 사준다. '브릭스'는 브라질, 러시아, 인도, 중국, 남아프리카공화국이다. 예전부터 신흥국으로 주목받고 있다. 이들도 우리의 물건을 조금 사준다. '아세안'은 미얀마, 태국, 인도네시아, 라오스, 베트남, 캄보디아, 말레이시아, 싱가포르, 필리핀, 브루나이다. 요즘 새롭게 떠오른 국가들이다. 우리의 물건을 조금씩 사주기 시작했다. 이들의 경제가 좋아지면 우리 수출 기업의 수익성도 좋아진다. 따라서 주가도 오른다.

둘째, 대표적인 원자재는 철강과 비철금속, 곡물, 원유가 있다. 곡물은 날씨와 병충해 영향을 받아 생산량이 변동된다. 가뭄 또는 메뚜기 습격으로 수확량이 줄면 곡물 가격이 오른다. 반면, 곡물을 수입해 과자를 만드는 기업은 제조원가가 오르고 수익성이 떨어져 주가가 내려간다. 이렇게 모든 원자재는 생산량과 경쟁상품 가격에 따라 움직인다. 당연히 원자재를 수입하는 기업의 수익성과 주가도 따라서 움직인다. 단, 원유는 조금 다르다. 에너지는 정부 규제가 심하다. 원유 가격에 따라 소비자 가격도 움직인다. 원유 가격이 떨어지면 소비자 가격도 떨어진다. 소비자 가격 하락은 기업 수익성 하락을 뜻한다. 수익성 하락과 함께 주가도 떨어진다.

셋째, 환율은 달러의 움직임을 살펴야 한다. 달러 가치는 미국 경제 상황과 국가별 달러보유 상황, 통화 경쟁력에 따라 움직인다. 쉽게 예를 들어보자. 미국이 망하면 달러는 종이 쪼가리가 된다. 세계적으로 유로화 사용이 늘어난다면, 세계적으로 달러 가치가 떨어진다. 대한민국에만 달러가 넘치면, 대한민국에서만 달러 가치가 떨어진다. 달러 가치가 떨어지면, 상대적으로 대한민국 통화인 원화 가치가 상승한다. 원화 가치가 상승하면, 달러를 원화로 환전할 때 원화를 기존보다 덜 받게 된다. 그래서 원화가 상승하거나 환율이 하락하면, 수출기업의 수익성이 떨어진다. 수익성이 계속 떨어지면, 어느 순간 역마진이 난다. 역마진을 막기 위해 타국에서 한국산 제품 가격을 올려야 한다. 한국산 제품 가격이 오르면, 타국 제품보다 가격 경쟁력이 떨어진다. 결국, 각국의 환율에 따라 수입기업 또는 수출기업의 수익과 주가도 움직인다.

넷째, 금리는 경제속도를 조절하는 중요한 도구다. 각국은 자국 상황에 따라 금리를 조절한다. 금리 상승은 경제속도를 줄이겠다는 뜻이다. 미국이 금리를 상승하면, 국내 채권투자자들이 미국으로 떠난다. 우리보다 안전하고 더 높은 금리를 주기 때문이다. 국내에서 투자금이 빠져나가면, 국내 달러도 줄어들어 환율이 오른다. 환율 안정을 위해 우리도 금리를 올릴 수 있다. 국내 금리 상승은 개인과 기업에 부담으로 작용한다. 개인은 부동산 대출을 받았고, 기업은 사업자금 대출을 받았다. 금리 상승과 함께 대출이자가 늘어난다. 이자가 늘어난 만큼 기업 수익성이 떨어지고 주가도 떨어진다. 이때, 대출이자도 상환하지 못하는 부실한 기업을 '좀비기업'이라 한다. 그래서 상장기업에 투자할 때 '이자보상비율'을 확인해야 한다. 영업이익이 이자비

용의 몇 배인지 확인할 수 있다. 필자는 최소 3배가 넘어야 안전한 기업이라고 판단한다.

다섯째, 기업은 지금보다 돈을 더 벌어야 주가가 올라간다. 수익이 없으면 주가도 떨어진다. 수익성은 환율과 원자재, 정책 등의 수많은 변수에 의해 좌우된다. 상장주식에 투자할 때는 이런 원인을 꿰뚫고 있어야 한다. 어떤 산업과 업종이 좋은지, 따스한 봄인지 추운 겨울인지 볼 수 있어야 한다. 예를 들어보자. 2012년경에 고공행진을 하던 원유 가격이 하락했다. 차트만 봤다면 매수 타이밍이다. 하지만 당시 셰일가스 개발에 불이 붙었다. 셰일가스 생산단가가 낮아지자 가스 가격도 떨어졌다. 원유의 경쟁상대가 등장한 것이다. 원유는 상승을 멈추고 3년 이상 계속 하락했다. 정유 업종 주가도 끝없이 하락했다. 그래서 상장기업 투자가 어렵다.

여섯째, ETF는 펀드다. 펀드지만 증권시장에 상장돼 있어서 주식처럼 거래할 수 있다. 주로 산업과 업종, 원자재, 환율, 원유 등에 직접 투자한다. 어떤 산업이 좋은지, 원유가 오를지 등의 기본 원리만 알면 된다. 코스피가 오를 것 같다면 코스피 ETF를, IT 업종이 오를 것 같다면 IT ETF를 사면 된다. 기업을 분석할 필요가 없어서 접근하기 편하다. 추가로 레버리지 ETF와 인버스 ETF도 있다. '레버리지'는 2배로 움직인다. 수익과 손실 모두 원래보다 2배로 움직인다. '인버스'는 시장이 하락해야 수익을 본다. 레버리지와 인버스는 상승과 하락의 방향이 확실할 때, 아주 제한적으로 해야 한다.

산업과 업종, 기업 분석에는 시간이 필요하다. 그래서 직접투자는 귀찮고 어렵다. 그런 사람은 간접투자를 해야 한다. 시중에 널리 알려진 각종 상품들이 간접투자 상품이다. 대표적으로 증권사의 펀드와 보험사의 변액유니버셜 보험이 있다. 짧게는 3~5년, 길게는 12년 이상 가입한다. 그리고 ETF처럼 여러 종목에 분산 투자한다. 시장의 평균적인 수익이 목표다. 일정 기간마다 운용결과를 받아볼 수 있다는 장점도 있다.

주가변동 요인

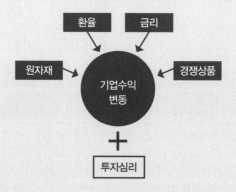

노후생활, 제2의 인생을 위한 100세 시대 준비

대략 2년 주기로 떠도는 소문이 있다. 국민연금에 가입해봐야 연금을 받을 수 없다는 소문이다. 일부 언론이 이런 소문을 더욱 확대시켰다. 이런 기사는 사실을 왜곡한 것이다. 연금상품 가운데 국민연금이 단연 으뜸이다.

국민연금은 최소 노후생활비를 보장한다. 동일한 조건으로 여타 금융상품과 비교하자면, 납입금액 대비 총 수령금액이 높다. 유일하게 물가 상승률도 고려해준다. 하지만 가입할 수 있는 금액이 낮아서 매월 수령금액도 적다. 가성비는 높지만 노후생활비를 충당하기에 턱없이 부족하다. 때문에 국민연금부터 가입하고, 부족한 부분을 금융회사의 연금상품으로 준비해야 한다.

또, 노후생활비 마련은 반드시 연금상품으로만 준비해야 하는 것도 아니다. 부동산과 금융자산을 연금으로 사용해도 된다. 은퇴 시점에 모인 모든 자산을 연금으로 사용하면 된다. 연금상품은 노후생활비 마련을 위한 방법들 가운데 하나일 뿐이다.

연금 종류는 공적연금과 사적연금이 있다. 둘 가운데 공적연금은

연금종류

구분	공적연금		사적연금	
상품명	국민연금	직역연금	퇴직연금	개인연금
주체	국가	국가	회사	개인
종류	노령연금 유족연금 장애연금 등	공무원연금 군인연금 사학연금 등	확정 급여형(DB) 확정 기여형(DC) 개인형 퇴직연금(IRP)	세제 적격연금 (연금저축계좌/세액공제) 세제 비적격연금 (연금보험/비과세)

국민연금과 직역연금으로 나뉘고, 국가가 지급을 보장한다. 공무원과 군무원 등의 국가 관련 직업은 직역연금에서 노후생활비를 보장한다. 반면, 사적연금은 퇴직연금과 개인연금으로 나뉘고, 연금상품의 결과에 따라 지급된다. 사적연금을 더 자세하게 들어가면 다음과 같다.

첫째, 사적연금의 퇴직연금은 기업이 준비한다. 1년 이상 일한 근로자가 퇴사할 때 지급한다. 모든 사업장은 근로자를 보호하기 위해 2022년까지 퇴직연금에 가입해야 한다. 종류는 확정급여형(DB)과 확정기여형(DC), 개인형 퇴직연금(IRP)이 있다.

❶ 확정급여형(DB)은 종전의 퇴직금처럼 기업이 운용한다. 퇴직 시점 급여에 따라 퇴직금을 산정하여 지급한다.

❷ 확정기여형(DC)은 회사가 1년마다 퇴직금을 근로자의 개인형 퇴직연금(IRP) 통장에 지급한다. 근로자가 직접 운용하고, 운용성과에 따라 수령액이 달라진다.

❸ 개인형 퇴직연금(IRP)은 소득이 있으면 누구나 가입할 수 있다. 퇴직연금 통장이라 부른다.

둘째, 사적연금의 개인연금은 금융회사에서 개인이 가입한다. 세제 비적격연금과 세제 적격연금으로 나뉜다.

❶ 세제 비적격연금은 미래에 연금을 받을 때 연금소득세가 비과세 된다. 상품명은 "연금보험"이지만 회사마다 자유롭게 부른다. 저축성과 투자성 상품이 있고, 생명보험사와 공제회에서 취급한다.

사적연금 세금혜택

구분	종류	내용
퇴직연금	확정 급여형 (DB/회사형)	–
	확정 기여형 (DC/개인형)	연말 세액공제
	개인형 퇴직연금 (IRP/소득자)	DC + IRP = 300만 원
개인연금	세제 적격연금 (연금저축계좌/연금저축○○)	연말 세액공제 400만 원
	세제 비적격연금 (연금보험)	연금 수령시 비과세

*국가정책에 따라 변경될 수 있음

❷ 세제 적격연금은 현재 불입액을 기준으로 연말 세액공제가 되는 연금상품이다. 은행과 자산운용사, 보험사의 상품이 있다. 상품 이름은 "연금저축계좌"이고, 금융기관에 따라 "연금저축○○"이라고 부른다. 은행은 연금저축신탁이라 하고, 자산운용사는 연금저축펀드라 한다. 보험사는 연금저축보험이라 한다. 은행은 안전성이 장점이고, 자산운용사는 수익성이 장점이다. 보험사는 당연히 보장성이 장점이다.

만약, 가입한 개인연금의 세제 적격연금이 마음에 들지 않는다면, 다른 금융회사로 옮길 수도 있다. 새로운 금융회사에 한 번만 방문하면 된다. 계약이전 시 어떠한 불이익도 없다. 또, 개인연금의 연금저축계좌(연금저축○○)에 퇴직연금의 개인형 퇴직연금(IRP)을 등록하면, 연금저축계좌에서 퇴직연금까지 통합하여 관리할 수 있다.

대출, 잘못 받으면 은행의 노예가 된다

대출은 신용대출과 담보대출이 있다. 신용대출은 본인 소득과 신용도에 따라 대출 금액과 금리가 결정된다. 담보대출은 담보물건의 가치에 따라 금액과 금리가 결정된다. 둘 가운데 담보대출이 신용대출에 비해 금리가 낮다. 대출 상환을 하지 않으면 담보물건을 압류한다. 압류한 물건을 경매로 팔아버릴 수 있기 때문이다.

대출 상환방식은 크게 3가지로 구분할 수 있다. 만기일시 상환과 원리금균등 상환, 원금균등 상환이다. 상환방식에 따라 납입할 총 이자가 달라진다. 각각의 특징은 다음과 같다.

첫째, '만기일시' 상환은 만기까지 이자만 상환한다. 이자만 상환하다가 만기에 원금을 상환한다. 매월 납입하는 금액이 적어 가장 많이 활용되는 방식이다. 하지만 만기에 목돈이 없으면 대출기간을 연장해야 한다.

둘째, '원리금균등' 상환은 총 이자와 원금을 미리 계산한다. 납입해야 하는 총 금액을 대출기간으로 나눈다. 만기까지 일정한 금액을 균등하게 상환한다. 대출금은 만기시점에 모두 상환된다. 현금흐름 관리가 편해 추천하는 상환방식이다.

셋째, '원금균등' 상환은 매월 대출 잔액에 비례하여 이자를 상환한다. 초기에는 대출 잔액이 많아 상환해야 하는 이자가 많다. 시간이 갈수록 대출 잔액은 줄어들고, 매월 상환하는 금액도 줄어든다. 상환방식 가운데 총 납입하는 이자가 가장 적다. 하지만 초기에 납입해야

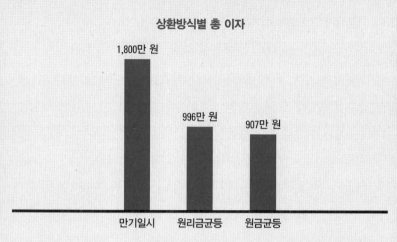

상환방식별 총 이자

1,800만 원

996만 원

907만 원

만기일시   원리금균등   원금균등

*예시: 3천만 원, 10년 상환, 6% 금리

하는 금액이 커서 현금흐름 관리가 어렵다.

이들 가운데 상환해야 할 총 이자가 가장 많은 방식이 만기일시 상환이다. 여타 방식의 약 2배다. 원금을 상환하지 않는다면 은행 노예로 살아야 할 수도 있다. 매월 상환하는 금액이 적다고 안심하지 말고 꾸준하게 중도상환하길 바란다.

보장성 보험, 보험일 뿐 재테크수단이 아니다

보장성 보험은 아주 중요하다. 소소한 병원비를 위해 가입하는 상품이 아니다. 큰 병원비를 해결하고 유가족의 생활비를 지원한다. 최악을 대비한 비장의 카드다. 그런데 당신은 어떤 카드를 가지고 있는

지 정확하게 알고 있는가? 아마 기억나지 않을 것이다.

보험사는 생명보험과 손해보험(화재보험)으로 구분한다. 생명보험은 생명이 담보고, 손해보험은 재산이 담보다. 예전에는 생명보험사와 손해보험사의 구분이 명확했지만, 지금은 구분이 모호해졌다. 그대신 담보가 중요해졌다. 담보는 실손담보와 정액진단담보가 있다.

첫째, 실손담보는 일정 금액을 한도로 실제 손해액의 80~100%를 보상한다. 단, 기본적으로 가입자가 부담해야 하는 금액이 있다. 그리고 납입 보험료는 갱신할 때마다 변동된다. 가입 초기에 보험료가 낮지만 시간이 갈수록 보험료가 올라간다. 타사의 실손담보와 중복보상도 불가능하다. 하지만 가격대비 성능이 좋아 필수 보험이다. 실손의료비 또는 의료실비라고 부른다.

둘째, 정액진단담보는 실제 손해액과 상관없이 가입한 금액을 지급한다. 병원비가 10만 원 또는 1억 원이 나와도 가입한 금액만 지급한다. 모든 보험과 중복보상이 가능하다. 담보에 따라 종신 사망보험과 질병보험, 상해보험 등으로 구분한다.

각각의 담보를 하나로 합친 보험을 종합보험이라고 부른다. 종합보험은 성인이 가입하는 일반 종합보험과 자녀가 가입하는 자녀보험, 태아가 가입하는 태아보험 등이 있다.

보장성 보험은 종합보험에 실손의료비를 추가한 비갱신형 및 비환급형 보험을 추천한다. 만약, 보험료 납입이 힘들다면 연장정기와 감액완납을 이용한다. '연장정기'는 보장 기간을 축소하고 보험료 납

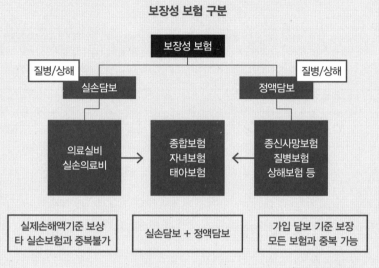

보장성 보험 구분

*담보: 보상하는 질병
*갱신형: 일정 기간마다 보험료가 변동

입을 끝내는 것이다. '감액완납'은 보장 금액을 축소하고 보험료 납입을 끝내는 것이다. 사망 보험금 수령인은 지정해두는 것이 좋다.

소득세, 당황하지 마라. 뼈대만 이해하면 산수다

대한민국의 세금은 국세와 지방세로 구분한다. 무엇인가를 구입할 때와 보유할 때, 처분할 때 모두 세금이 부과된다. 숨만 쉬고 있어도 나온다. 이런 세금들은 금융과 전산이 발전함에 따라 더 촘촘해지고 있다. 앞으로 더 높아지고 더 다양해질 수밖에 없다. 때문에 재테크 필수 지식이다. 하지만 내용이 매년 바뀌는 바람에 따라가기가 힘

세금 종류

구분	종류
국세	소득세, 법인세, 상속/증여세, 증권거래세, 인지세, 부가가치세, 개별소비세, 주세, 농어촌특별세, 교육세, 종합부동산세, 관세, 교통/에너지/환경세.
지방세	자동차세, 재산세, 주민세, 담배소비세, 레저세, 지방소득세, 지방소비세, 지방교육세, 등록면허세, 취득세, 지역지원시설세.

들다. 그래서 뼈대를 잡아야 한다. 뼈대를 잡아야 내용이 바뀌어도 따라갈 수 있다.

소득세의 목적은 당연히 소득에 따라 세금을 징수하는 것이다. 하나의 방법으로만 징수하게 되면 형평성에 맞지 않는다. 특징별로 구

소득의 과세 종류

종합과세 (합산하여 과세)	종류: 근로소득 + 사업소득 + 금융소득 + 공적연금소득 + 기타소득 세율: 지방세 포함 누진세율 6.6% ~ 46.2% 기타: 종합소득 증가시 국민건강보험료 증가
분리과세 (일정한도 저율과세)	종류: 금융소득 2천만원, 사적연금 1200만원, 기타소득 300만원 세율: 지방세 포함 원천징수 15.4%(연금: 연간 6백만원까지 5.5%) 기타: 한도 초과시 누진세율로 종합과세
분류과세 (개별법에 따름)	종류: 양도소득, 퇴직소득, 산림소득 세율: 개별 단일세율 또는 누진세율 적용 기타: 종합과세 적용이 불합리한 소득에 적용
비과세 (개별법에 따름)	종류: 숙직비, 육아휴직급여, 실업급여 등 세율: 0% 기타: 복지 차원의 소득

*2017년 세법개정안 기준. 정부 정책에 따라 금융상품에 세제혜택 추가 적용

분해야 한다. 그래서 종합과세와 분류과세, 분리과세, 비과세로 구분한다.

첫째, 종합과세는 종합과세에 해당된 모든 소득을 합산한다. 연말정산의 주인공 근로소득도 포함돼 있다. 합산한 소득이 많으면 많을수록 더 높은 누진세율이 적용된다. 종합과세 소득이 늘어나면 건강보험료도 늘어난다. 종합과세에서 다른 과세로 옮길 수 있다면 옮겨야 한다. 옮겨야 세금과 건강보험료가 조금이라도 줄어든다. 직장인이 종합과세에 포함된 근로소득세를 낮추기 위해 금융상품에 가입하는 이유다. 종류는 생계형 저축, ISA, 장기펀드, 해외펀드, 연금상품, 보장성 보험, 부동산 담보대출 등이 있다.

종합과세는 구간별로 각각의 다른 세율이 있다. 올라갈수록 더 높은 세율이 적용된다. 각각의 구간마다 금액에 세율을 곱한다. 그리고 구간별 각각의 값을 모두 합한다. 이것을 누진세율이라 한다.

다시 말해 소득이 적으면 납부할 세금이 적다. 소득공제와 세액공제를 받으면 더 줄어든다. 연봉이 약 3천만 원 이하면 대부분의 세금을 환급받는다. 반대로 소득이 많으면 많을수록 더 많은 세금이 부과된다. 연봉이 6억 원 정도 되면 소득공제와 세액공제를 받아도 최고세율을 피하기 힘들다. 예를 들어 6억 원을 벌면 지방세 제외하고 약 2억 원 이상이 세금이다.

둘째, 분리과세는 종합과세보다 세금을 할인해주겠다는 의미다. 일정 금액을 한도로 할인된 원천징수세율이 적용된다. 원천징수는 돈

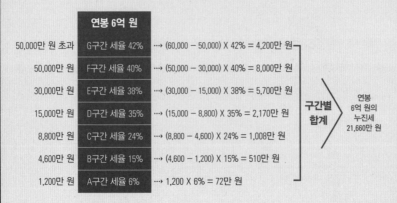

*2017년 세법개정안 기준. 지방세 제외 예시

이 지급될 때 세금을 미리 차감한다. 차감한 후 통장에 들어온다. 이 것을 원천징수라 하고, 원천징수와 함께 모든 과세가 종결된다.

단, 일정 금액 초과 시 누진세율로 종합과세된다. 금융소득 2천만 원까지는 분리과세로 할인해주지만, 초과하면 다른 소득과 합산하여 종합과세한다. 참고로 시간이 흐를수록 분리과세 한도와 항목이 줄어 들고 있다. 앞으로 더 줄어들 수도 있다.

셋째, 분류과세는 한 번에 목돈이 들어올 때 징수한다. 부동산 양 도 또는 퇴직금 수령 시에 목돈이 들어온다. 이때 종합과세하면 최고 세율에 해당될 수 있어 형평성에 맞지 않는다. 때문에 분류과세 소득 들은 각각의 세법에 따라 세율이 결정된다. 세율 적용방식은 누진세율일 수도 있고, 단일세율일 수도 있다. 단일세율은 용어 그대로 하나의 세율만 적용한다. 금액에 세율을 곱하면 끝난다.

넷째, 비과세 소득은 소득이지만 특별하게 소득에서 제외해주는 소득이다. 최저 생계 또는 복지 차원의 성격이다. 복지 차원으로 지급된 소득은 대부분 비과세된다.

참고 논문

- 강철구, "행동경제학 관점에서 본 주류경제학의 합리성 개념에 대한 비판적 고찰", 인천대학교 대학원 석사학위논문, 2011.
- 권오형, "벤처기업의 EXIT 전략과 유형별 사례연구", 건국대학교 대학원 석사학위논문, 2009.
- 김현숙, "IMF 영향 이후의 금리/환율/국제유가 및 주가의 상관성 분석", 서강대학교 대학원 석사학위논문, 2005.
- 도주옥, "세계주요 도시 간 오피스 가격 추이에 관한 연구", 건국대학교 부동산대학원 석사학위논문, 2015.
- 박성진, "선물옵션을 이용한 벤처캐피탈의 투자 실행 및 회수 행태에 관한 연구", 서울대학교 대학원 석사학위논문, 2015.
- 박소영, "벤처투자펀드에 관한 수익률 분석", 중앙대학교 대학원 석사학위논문, 2006.
- 박중건, "국내 벤처투자펀드의 투자성과 결정요인에 관한 실증 연구", 건국대학교 대학원 박사학위논문, 2016.
- 백윤미, "부동산 버블에 관한 연구", 한국외국어대학교 대학원 석사학위논문, 2008.
- 송인규, "사모펀드의 성과분석, 분산투자효과, 성과요인, 성과지속성 및 학습효과 연구", 서울시립대학교 대학원 박사학위논문, 2015.
- 안윤자, "한일 부동산 버블화에 대한 차이점 비교분석 연구", 고려대학교 정책대학원 석사학위논문, 2007.
- 옥재관, "인구 변화에 따른 주택시장의 추이", 동의대학교 행정대학원 석사학위논문, 2009.
- 정주호, "헤지펀드 활성화를 위한 법적 연구", 숭실대학교 대학원 박사학위논문, 2015.
- 정지혜, "최초투자시기에 따른 벤처기업의 성과 차이", 고려대학교 대학원 석사학위논문, 2015.

- 조철우, "거시경제 변수가 부동산 가격에 미치는 영향에 관한 연구", 부산대학교 대학원 석사 학위논문, 2016.
- 천가은, "한미일 부동산 시장에 대한 고찰", 한국외국어대학교 대학원 석사학위논문, 2014.
- 최미호, "한국 인수합병시장에 대한 연구", 고려대학교 대학원 박사학위논문, 2014.
- 최준영, "사모투자전문회사의 법적 구조와 과세제도에 관한 연구", 고려대학교 대학원 석사학 위논문, 2013.
- 최영욱, "한국경제위기와 재벌기업의 비효율성에 관한 연구", 강원대학교 대학원 석사학위논 문, 2002.

참고 도서

- EBS 자본주의 제작팀, 『자본주의』, 가나, 2013.
- JTBC 뉴스룸 팩트체크 제작팀, 『팩트체크』, 중앙북스, 2016.
- KBS 명견만리 제작팀, 『명견만리』(상·하 편), 인플루엔셜, 2016.
- 김규림 외 3인, 『Private Equity Fund』, 한국금융연수원, 2016.
- 김용덕, 『금융이슈로 읽는 글로벌 경제』, 삼성경제연구소, 2015.
- 너나바, 『나는 부동산과 맞벌이한다』, 알키, 2015.
- 데틀레프 귀르틀러, 『이야기로 읽는 부의 세계사』, 웅진지식하우스, 2005.
- 마틴 S 프리드슨, 『슈퍼리치』, 이상, 2010.
- 박동휘·좌동욱, 『1조원의 승부사들』, 한국경제신문사, 2015.
- 박삼철 외 3인, 『사모펀드 해설』(전문투자형 사모집합투자기구 편), 지원, 2015.

- 박중훈, 『박중훈의 대담한 경제』, 21세기북스, 2015.
- 박영숙, 『유엔미래보고서 2045』, 교보문고, 2015.
- 살림 이스마일 외 2인, 『기하급수 시대가 온다』, 청림, 2016.
- 선대인, 『선대인의 빅픽처』, 웅진지식하우스, 2015.
- 신시아 크로센, 『부자, 그들은 어떻게 부자가 되었나?』, 해냄, 2002.
- 에드워드 챈슬러, 『금융투기의 역사』, 국일증권경제연구소, 2001.
- 오윤석, 『대체투자 핸드북』, 밥북, 2015.
- 유발 하라리, 『사피엔스』, 김영사, 2015.
- 유주현, 『밸류에이션』, 이콘, 2010.
- 이민주, 『지금까지 없던 세상』, 쌤앤파커스, 2015.
- 이정성, 『스타트업 펀딩』, e비즈니스북, 2013.
- 이원희, 『대체투자 파헤치기』(사모투자펀드PEF 편), 지식과감성, 2015.
- 장하준, 『장하준의 경제학 강의』, 부키, 2014.
- 천위루 외 1인, 『금융으로 본 세계사』, 시그마북스, 2017.
- 최문수, 『사모투자펀드(PEF)』, 새로운제안, 2008.
- 최종학, 『숫자로 경영하라』, 원앤원북스, 2009.
- 크리스토퍼 라셀레스, 『압축세계사』, 라이팅하우스, 2016.
- 피터 드러커, 『Next Society』, 한국경제신문, 2005.
- 피터 디아만디스, 『볼드』, 비즈니스북스, 2016.

참고 기타

- The Bell, 『Article』, 2017.
- 금융감독원, 『2014 국정감사』, 2014.
- 산업경제연구원, 『인구 1000명당 요식·숙박업체 수』, 2015.
- 통계청·한국은행, 『e 나라지표』, 2016.

강남 부자들은 어디에 투자하는가

초판 1쇄 펴낸날 2017년 12월 22일

지은이 | 조운혁
펴낸이 | 이상규
펴낸곳 | 이상미디어
편집인 | 김훈태
디자인 | 표지 양진규, 본문 오은영
마케팅 | 김선곤
등록번호 | 209-06-98501
주소 | 서울 성북구 정릉동 667-1 4층
전화 | 02-913-8888
팩스 | 02-913-7711
이메일 | leesangbooks@gmail.com

ISBN 979-11-5893-046-2 03320